人文社科
高校学术研究论著丛刊

乡村振兴视域下
乡村治理现代化研究

秦长江 贺靖舒 著

中国书籍出版社
China Book Press

图书在版编目 (CIP) 数据

乡村振兴视域下乡村治理现代化研究 / 秦长江, 贺靖舒著. -- 北京：中国书籍出版社, 2023.4
ISBN 978-7-5068-9342-8

Ⅰ.①乡… Ⅱ.①秦…②贺… Ⅲ.①乡村–社会管理–研究–中国 Ⅳ.① D638

中国国家版本馆 CIP 数据核字（2023）第 057867 号

乡村振兴视域下乡村治理现代化研究

秦长江　贺靖舒　著

丛书策划	谭　鹏　武　斌
责任编辑	成晓春
责任印制	孙马飞　马　芝
封面设计	东方美迪
出版发行	中国书籍出版社
地　　址	北京市丰台区三路居路 97 号 (邮编：100073)
电　　话	（010）52257143（总编室）　（010）52257140（发行部）
电子邮箱	eo@chinabp.com.cn
经　　销	全国新华书店
印　　厂	三河市德贤弘印务有限公司
开　　本	710 毫米 × 1000 毫米　1/16
字　　数	226 千字
印　　张	11.5
版　　次	2023 年 8 月第 1 版
印　　次	2023 年 8 月第 1 次印刷
书　　号	ISBN 978-7-5068-9342-8
定　　价	86.00 元

版权所有　翻印必究

目 录

第一章　乡村发展与乡村振兴 ································ 1
　　第一节　乡村与乡村发展 ···································· 2
　　第二节　乡村振兴战略解读 ································ 5
　　第三节　乡村振兴战略对乡村治理的影响 ········ 6

第二章　乡村治理 ·· 9
　　第一节　乡村治理的内涵 ·································· 10
　　第二节　乡村治理的制度框架 ·························· 14
　　第三节　乡村治理的现代化阐释 ······················ 19

第三章　乡村治理现代化的实践经验与异域借鉴 ········ 26
　　第一节　我国乡村治理现代化的理论基础 ······ 27
　　第二节　我国乡村治理现代化建设的实践 ······ 32
　　第三节　乡村治理现代化的异域借鉴 ·············· 45

第四章　推进乡村治理现代化的基本路径 ·············· 58
　　第一节　加强党在乡村治理中的领导 ·············· 59
　　第二节　优化乡村治理的体制 ·························· 65
　　第三节　完善乡村治理服务平台 ······················ 76
　　第四节　构建自治、法治、德治相结合的基层治理体系 ········ 78

第五章　乡村治理的要素分析 ······························ 87
　　第一节　乡村人口与教育治理 ·························· 88
　　第二节　乡村科技与文化治理 ·························· 96
　　第三节　乡村生态与秩序治理 ·························· 101

第六章　乡村旅游规划与治理……………………………………113
第一节　乡村旅游及其技术支撑………………………………114
第二节　乡村旅游规划与开发创新……………………………123
第三节　乡村旅游资源开发……………………………………132
第四节　乡村旅游市场开拓……………………………………136
第五节　乡村旅游形象塑造与传播……………………………141

第七章　乡村文化建设与治理……………………………………146
第一节　乡村文化与乡村文化建设……………………………147
第二节　乡村文化管理与建设…………………………………155
第三节　乡村文化组织与服务…………………………………157
第四节　乡村文化资源开发与经营……………………………161
第五节　乡村文化产业创新发展………………………………164

参考文献……………………………………………………………172

第一章　乡村发展与乡村振兴

改革开放以来,我国社会经济发展取得了辉煌成就,实现了经济高速发展和社会长期稳定的两大成就,人民生活水平大幅提高,人民群众的物质文化需要的满足已经达到了相当高的水平,社会主要矛盾发生了转变,人们对未来的美好生活有了更高的追求。但从现实情况来看,中国特色社会主义进入了新时代,中国经济社会发展还存在不平衡不充分的方面,如城乡发展不平衡、乡村发展滞后等问题日益凸显,农业、农村、农民问题仍旧是全面建成小康社会路上最薄弱的环节。习近平总书记在党的十九大报告中强调要"实施乡村振兴战略","乡村振兴战略"为今后乡村发展、农村改造指引了方向,指明了中国农村未来之路是从根本上促进农业发展、农民增收、城乡融合之路,是城乡二元结构下城乡发展不协调向城乡协调发展、融合发展的转型,是全面建设社会主义现代化国家、推进中华民族伟大复兴的重大历史任务,是新时代"三农"工作的总抓手。"乡村振兴"成为新时代实现中华民族伟大复兴的重要举措。

必须保持农业和乡村经济的持续稳定发展,逐步实现农业现代化,以实现整个社会主义现代化。因此,必须始终把发展乡村经济、提高农业生产力水平作为整个乡村工作的中心。

中国的乡村走向大都市的进程肯定不会那么迅速。同时,人类社会是否会在城市化中走向同一,中国乡村的发展路径是否会符合人们所描述的"大趋势",仍然存在着疑问。但有一点很明显,中国社会发展道路的特殊性肯定与中国乡村的发展息息相关,中国乡村发展在整个社会发展中的地位至关重要。

乡村发展的重要性取决于乡村在中国社会中的重要地位。一般文献在论述乡村社会重要性时,无外乎从以下几个方面着手。第一,中国乡村作为粮食和农产品的生产地,以及新兴的乡村工业基地,乡村的生产与社会状况的稳定和发展直接关系到整个国家宏观经济与政治环境。第二,乡村社会的规模在整个社会中占有较大的比重。从人口和区域规模来看,乡村社会可以称得上是中国社会的主体部分。中国社会的现代化必须以广大乡村的现代转型为前提。第三,尽管随着国家的工业化和城市化的进展,乡村传统农副业在整个国民经济中的比重有所下降,但由于整个农副业经济的庞大规模,以及乡村非农产业的兴起,使当今的乡村经济仍然为国家提供了巨额的经济资源。乡村社会的战略地位不容忽视。

以上所述都是从整体社会或国家的角度论述乡村社会的重要性。从乡村的外部来看,乡村是中国社会的主要组成部分,是物质资源的重要供应地,也是国家重要的财政来源。这样为了社会或国家的整体发展需要,比较落后的广大乡村必须随着整个社会系统的发展而实现现代转型。在某种程度上,以上乡村发展的重要性是从消极被动的角度提出来的,如果换一个观察视角,不是从乡村社会外部的宏观社会和国家的立场,而是从乡村社会本身的角度,可以更加积极地认识乡村发展的重要性。

总之,乡村社会的转型和发展不只是社会整体发展要求的被动适应,也不只是国家积极介入下的消极反应。乡村发展本身与社会整体之间存在着互动的关系,乡村社会发展在社会、政治、经济、文化上都影响了整个国家的发展道路,乡村发展的意义不仅限于乡村自身,如果中国社会的发展能够走出一条不同于西方的东方道路,在此过程中,中国乡村的存在和发展将具有重大的意义。

第二节 乡村振兴战略解读

习近平总书记在党的十九大报告中提出了乡村振兴战略,该战略的制定与实施旨在从根本上解决"三农"问题,满足广大农民追求美好生活的愿望。具体来说,乡村振兴就是实现"产业兴旺、生态宜居、乡风文明、治理有效、生活富裕",这是我国当前以及未来较长一段时间内需要贯彻落实的重要战略。

一、乡村振兴战略的提出

党的十九大报告将乡村振兴战略作为我国全面建成小康社会的重要战略。习近平总书记在提出乡村振兴这一概念后,多次陈述关于这一战略的重要性,并在社会各个领域掀起了热烈讨论。在2017年12月召开的中央农村工作会议上,习近平总书记提出了一系列关于乡村振兴的新理念、新思想、新战略:一是坚持加强和改善党对农村工作的领导,为"三农"发展提供坚强的政治保障;二是坚持重中之重的战略地位,切实把农业农村优先发展落到实处;三是坚持把推进农业供给侧结构性改革作为主线,加快推进农业农村现代化;四是坚持立足国内保障自给的方针,牢牢把握国家粮食安全主动权;五是坚持不断深化农村改革,激发农村发展新活力;六是坚持绿色生态导向,推动农业农村可持续发展;七是坚持保障和改善民生,让广大农民有更多的获得感;八是坚持遵循乡村发展规律,扎实推进美丽宜居乡村建设。

乡村振兴战略是对我国过去的农业农村发展战略的继承和发展,是基于我国当前社会发展实际和"三农"发展需要的先进战略,它响应了我国亿万农民的殷切期盼。因此,必须抓住机遇,迎接挑战,发挥优势,顺势而为,努力开创农业农村发展新局面,推动农业全面升级、农村全面进步、农民全面发展,谱写新时代乡村全面振兴新篇章。

二、乡村振兴战略的目标

实施乡村振兴战略的目标任务主要包括以下几方面（图1-1）。

2020年乡村振兴取得重要的进展，制度框架和政策体系初步形成	→	在尊重农民的基础上，提高农业综合生产能力，使农业稳步推进，农业供给体系和制度框架基本形成，使农业发展水平明显提高，拓宽农民的增收渠道，创新产业布局，从而减小城乡贫富差距，促进城乡产业的交融和进一步的发展；政府大力推行落实乡村振兴，使大部分农村贫困人口实现脱贫，原先的贫困县已不复存在，解决所在地区整体性贫困难题；增进农村基础设施建设工作，改善农村人口居住环境；各单位、各地区、各部门推进乡村振兴的思路举措得到群众的认可和响应等
2035年乡村振兴取得决定性进展，农业农村现代化基本实现	→	2035年乡村振兴取得决定性进展，农业结构得到根本性改善，农民就业质量显著提高，乡村人民的贫困程度得到改善，奔向更美好的生活，走共同富裕道路，且稳步前行，农业农村的现代化能够基本实现
2050年乡村全面振兴，农业强、农村美、农民富全面实现	→	乡村振兴战略是党中央和国家事业全局出发着手于实现奋斗目标的战略，乡村振兴不仅顺应亿万农民对美好生活的向往，做出了富有极大挑战性的突破，还是决胜全面建成小康社会、全面建设社会主义现代国家的一大历史任务

图1-1 实施乡村振兴战略的目标任务

第三节 乡村振兴战略对乡村治理的影响

一、乡村振兴战略可以为乡村治理现代化培育多元主体

乡村治理工作本身是国家开展治理活动的重要基石，而治理有效性则是乡村振兴战略顺利贯彻落实的重要基础。推进乡村治理现代化建设进程是乡村振兴战略贯彻落实中不可或缺的条件，而农业现代化则是社

会主义现代化国家建设的重要保障,所以必须立足于促进农村和农业经济发展,从带领全体村民过上富裕生活出发,构建多元发展主体的全新农村治理体系,这样才能够更好地助力乡村振兴战略在农村顺利贯彻落实。而乡村治理体系本身实现现代化建设目标的根本出发点就是要指导及鼓励乡村中的村"两委"干部、村民以及其他乡村经济组织和干部等多主体协同开展工作,众多相关主体各司其职、各尽其责,一同负责乡村治理活动。与此同时,在现代化乡村治理体系下,要促使全体多元主体都可以积极参与到乡村振兴的实践中来,保证使他们可以真正意识到乡村振兴过程中各主体彼此需要肩负的工作职责与任务,这样才能够使他们有效地发挥自身的主观能动性,更好地提高乡村治理实效性。特别是要充分抓住乡村振兴战略的时机,在新一轮资源要素的条件下,将物力、财力与人力等相关资源要素向乡村倾斜,同时还要注意有效引导有能力、有文化的乡村精英向乡村本土地区回流。在此基础上,也要注意为乡村治理现代化建设过程中的多方乡村治理活动培育一大批高素质的治理队伍,使他们可以更好地服务于乡村振兴战略,贯彻落实相关实践活动。

二、乡村振兴战略可以为乡村治理现代化提供制度保障

2021年是不平凡的一年,这一年我们实现了全面建成小康社会这一伟大历史性成就,同时也按期实现了脱贫攻坚的发展任务与目标,绝对贫困问题得以切实解决。随后国内的"三农"工作重心不再是脱贫攻坚,取而代之的是在全国各地区贯彻落实乡村振兴战略。经过前一轮脱贫攻坚战略工作的开展,我国各地区基本上已经初步构建起行之有效的经济发展及管理制度,这为乡村振兴战略的全面落实奠定了坚实基础,同时也为乡村治理体系和治理能力现代化建设目标的实现提供了可靠的制度保障。乡村振兴战略在我国各个乡村地区中的贯彻落实离不开切实可行的制度支持,同时对相关管理业态方面的供给有一定要求,可以为国家开展乡村治理工作提供必要的制度设计基础,保证乡村治理工作更加有序、高效的开展。比如,在开展乡村振兴战略活动过程中,会围绕现代化乡村治理工作在政策、制度等方面的需求来构建符合现代化建设进程的一系列具有稳定性和长效性等基本特征的治理制度,从而为乡村治理工作的开展乃至现代化建设目标的顺利实现提供可靠性、持续性的制度保障,避免因为乡村治理工作中缺乏明确的治理制度而影响最终的现代化乡村治理目标的顺利实现。

三、乡村振兴战略可以为乡村治理现代化指明实践方向

自 2017 年首次提出乡村振兴战略以来，国家针对乡村振兴战略做出了一系列具体的部署。根据相关规定及要求可知，有效的乡村治理是确保乡村振兴战略目标顺利实现的重要基础。为顺利完成乡村治理现代化的目标，应确保乡村在治理体系与治理能力方面可以满足现代化建设的规定及要求。从这个角度来讲，为确保乡村治理现代化改革目标能够在工作实践中顺利落地，必须紧密结合乡村治理活动的部署及规划等方面的要求，在对乡村振兴战略可行性与有效性进行有效评估或评价的过程中构建完善的乡村治理体系。而在对乡村振兴战略的实效性进行评估的过程中，除了需要将乡村文明、乡村产业与乡村生活作为重要的考量指标外，乡村治理也是评估乡村振兴战略目标的一个重要标准。从这个角度来讲，乡村振兴战略的贯彻落实可以为现代化的乡村治理体系构建及实施指明前进的方向。比如，乡村振兴战略强调构建多元主体的乡村治理体系，所以在开展现代化乡村治理活动过程中也要注意相应构建集多元主体于一身的乡村治理组织，确保乡村治理活动高效开展。

第二章 乡村治理

改革开放以来,中国农业与农村发展取得了巨大成就:农业经济持续增长、农民收入快速增加、农民福利日益改善、农民社会治理持续创新。这些成就的取得得益于国家与农民关系的重大调整以及政府制定和实施的多予少取放活、工业反哺农业、城市支持农村的重大强农、惠农、富农政策,得益于国家所构建的农业生产经营、农业支持保护、农村社会保障、城乡协调发展的制度框架。

尽管如此,中国农业和农村发展中仍然存在许多问题,如农产品供求结构性矛盾突出,人多地少水缺的矛盾加剧,农业资源要素流失加快,农业竞争力下降,传统农村社区急剧分化,农村社会保障体系尚不健全,政府对农村社会的管理体制以及农村社会内部的治理机制尚不完善,老人、妇女、儿童等最需要得到关注的弱势群体已成为农村的常住居民和农业生产及农村建设的主力军、农村发展后继乏人等。

伴随工业化、城镇化的深入推进,中国农业和农村发展正在进入新的阶段。当前,保障国家粮食安全、食物安全、重要农产品有效供给的任务仍然很艰巨,缩小城乡区域发展差距和居民收入分配差距仍然任重道远;农村社会结构加速转型,城乡发展加快融合,农民利益诉求日益多元。因此,中国农村的进一步和可持续发展,必须顺应阶段变化,遵循发展规律,加大强农、惠农、富农政策力度,加强和创新农村社会治理。

第一节　乡村治理的内涵

在英语中,"治理（governance）"一词的原意是控制、引导和操纵。长期以来它与"统治"一词交叉使用,并且主要用于与国家的公共事务相关的管理活动和政治活动中。但是从20世纪90年代以来,西方学者赋予它一些新的含义,对治理做出了一些新的界定。例如,治理理论的创始人罗西瑙（J. N. Rosenau）在其代表作《没有政府统治的治理》等文章中将"治理"定义为一系列活动领域里的管理机制,它们虽没有得到正式授权,却能有效发挥作用与统治不同,治理指的是一种由共同的目标支持的活动,这些管理活动的主体未必是政府,也无须靠政府的力量来实现。[①] 库伊曼（J. Kooiman）和范·弗利埃特（M. Van Vliet）指出："治理的概念是,它所要创造的结构或秩序不能由外部强加使之发挥作用,是要依靠多种进行统治的以及互相发生影响的行为者的内部动机。"[②]

由此我们可以发现,治理的基本含义是指在一个既定的范围内运用权威维持秩序,从而满足公众的需要。它作为一种治理过程,也像政府统治一样需要权威和权力,最终目的也是为了维护正常的社会秩序。但这个权威并非一定来自政府机关,它的主体也不一定是公共的机构。所以,治理是政治国家与公民社会的合作、政府与非政府的合作、公共机构与私人机构的合作、强制与自愿的合作。它是一个比政府统治更宽泛的概念,从现代的公司到大学以及基层的社区,如果要高效而有序地运行,不能没有治理。

随着市场经济的推进,在社会资源的配置中,仅仅依靠国家的计划和命令无法达到资源的最优化,纯粹运用市场的手段也无法达到经济学中的帕累托最优。所以,很多人热衷于以治理的机制对付市场和国家协调的失败。随着农村改革和发展的深入,乡村基层组织及其治理方式也应该发生重大的变化。一方面,传统的按照法律程序并履行一定政治功能

---

① ［美］詹姆斯·N. 罗西瑙. 没有政府的治理 [M]. 张胜军, 刘小林, 等, 译. 南昌: 江西人民出版社, 2006.
② ［美］库伊曼, 范·弗利埃特. 治理与公共管理 [M]// 俞可平. 治理与善治. 北京: 社会科学文献出版社, 2000.

第二章 乡村治理

的正式组织逐渐衰败。虽然它们曾经在新中国成立后使国家与社会完全合一,使农村社会得到高度有效的控制和治理,但随着农村改革的展开,土地承包到人,人民公社解体,政府权力相对从农村收缩,党的基层组织也相应受到影响,农村正式组织随之渐趋衰落。另一方面,一些法律上没有明文规定,也没有明文禁止,但在实践中得到民众认可和拥护的非正式组织,如农村经济组织等逐渐兴起,在农村社会中发挥着越来越重要的作用。同时,一些非法的农村组织也开始死灰复燃,在一些地区甚至还很有势力,日益威胁着农村社会的政治秩序和社会稳定。为此,必须根据变化的农村社会关系重新选择和架构新的农村基层组织体系,以适应农村的社会发展,达到乡村的合理治理。而村民委员会,这种全新的农村基层群众性自治组织就是在新的时代需要中应运而生的。

新制度经济学家、1993年度诺贝尔经济学获奖者之一的道格拉斯·斯诺曾经说过,除非现行的经济组织是有效率的,否则,经济增长不会简单地发生下去,即有效率的经济组织是经济增长的关键。而要保持经济增长的效率,就要求在制度上做出创新。也就是说,技术的进步、人力资源的开发、经济组织的演进,继而经济的发展,都是制度安排和制度创新的结果,制度起着关键的作用。历史和现实都证明,一个国家要想实现现代化,就必须从本国的实际情况出发,根据现代化的要求,对原有制度进行根本性变革,创立出一套适应社会现代化要求的政治、经济制度,这是一个社会实现现代化的重要前提。党的十一届三中全会以后,我们从中国的国情出发,按照现代化的要求,对旧的体制实行改革,在政治、经济、文化等领域进行制度创新。随着新的经济体制的逐步建立,客观要求我们加快政治、经济、文化、科技等领域的改革步伐。

所以,从制度创新这个角度讲,也有必要对乡村进行符合需要的变革。

一、"治理"模式的意义与反思

"治理"模式的提出,是对"国家主义"和"自由主义"的某种修正。作为介于二者之间的"第三条道路",它并不是某种简单的折中主义,而是一种发挥多方力量、整合不同路径的新型的发展模式。它拥有自己独特的组织基础——中产阶级,并通过发挥其按照自己意愿改造社会的能力,从而创造一种新的政治治理模式。

西方这种"治理"模式的诞生及其发展是一种进步,但是由于它从来都是在西方制度的温室中成长的,因而也具有某些局限性。这种以中产阶级和市民社会为基础的治理模式否认其他阶级特别是农民阶级和下层阶级的创造性,认为"治理"模式只能够在中产阶级中产生并且在中产阶级的推动下发展,农民阶级没有足够的智慧和精力来参与治理。

显然,这种偏见是有其阶级局限的。"治理"这种不完全依靠国家和市场的发展模式,同样可以而且完全可能在其他阶级和阶层中诞生、发展。

二、乡村治理

(一)"乡村治理"的内涵

1. 西方思维下的乡村治理

有西方学者指出,在全球乡村治理模式的视野下,乡村治理的内涵应该包括三个相互联系的基本方面:其一,能够动员政治支持,获得民众的广泛信任;其二,能够提供良好的公共服务,满足村民的服务需要;其三,能够有效地管理冲突,具有良好的冲突协调机制。这种乡村治理的模式是以社区治理为蓝本的,把乡村视为一个社区,要发展这一社区,就要提高该社区内部的民众参与率,加强社区服务质量和协调社区冲突。

这种治理方式在总体框架上勾勒了整个乡村治理的发展趋势和走向:加强社区内部整合,通过各种方式加强内部个体间的沟通和合作,从而达到公民自发治理乡村的目的。它为全球性的乡村治理提供了重要的参考价值,值得学习和利用。

但是,它在一定程度上忽略了村民个体的能动性和创造性,而是较多地单方面强调政治动员、提供公共服务和管理冲突等领导手段和管理手段。这与我们在前文中叙述的西方"治理"观念中主要强调中产阶级作用的思维也有一定的关系。

2. 中国传统思想中的乡村治理

中国作为一个拥有众多农业人口的文明大国,乡村治理思想自古有之,并在5000多年的历史长河中不断发展变化。但这些乡村治理思想大多是以宗族、血缘关系为纽带,并且与中国古代传统道德观、法制观相协调而形成的。随着中国社会转型的加速发展,一些生活方法和治理方式

第二章　乡村治理

发生了改变,这种传统的治理理念所起到的作用也越来越微弱,但是作为一种和中国农耕文明相伴随的治理模式,它或多或少地在影响着广大农村人们的生活方式和社会结构。

在传统乡村治理思想中,最有名的应该是南宋思想家朱熹的乡村治理思想。有作者评论说,它是中国古代自秦汉以来乡村治理问题的历史延续。朱熹的乡村治理思想,既提倡孝敬、乡情、信睦、良善、仁厚等儒家的传统道德规范,又提倡具有强制约束力的法律规章制度,还提倡经济上的发展与救助。他的乡村治理理念的实质是为中央集权服务的,是为了维护封建统治的基层社会秩序。不可否认的是,在长期的社会实践中,其对实现社会稳定、加强邻里团结、消弭和化解乡村矛盾、改进乡村治安方面起了不可忽视的作用。这种建立在儒家传统道德规范和法律约束基础上的治理模式,遵循着"儒法"兼具的理念原则,并且强调经济上的发展与互助,降低了经济风险,维护了乡村的整体利益。

(二)现代中国的乡村治理理念

20世纪以来,中国乡村治理发生了巨大变化。在西方文明进入中国大门以后,中国的乡村治理开始广泛地采取西方模式,从开始效仿西方乡村发展到后来寻求有中国特色社会主义乡村建设,现代中国的乡村治理呈现出多元模式的综合特色。

在中国古代社会思想中,虽然也有关于"治理"和"乡村治理"的介绍和阐述,但是"治理"在中国学界的滥用还是建立在它是一个舶来词的基础上的。对于乡村治理的含义,学者们归纳了几种观点,认为以往的定义可以分为三类。其一是"乡村治理"即"村治"。如张厚安[①](1992)认为,村治是指乡镇以下的农村自治,是村民自治的治理结构,村委会的关系行为属于群众性自治行为。其二是指村庄政治。如贺雪峰、肖唐镖[②](1999)认为,村治即村级治理,是指村庄公共权力对社区公共事务的组织、管理与调控。徐勇等人则认为,村级治理是通过公共权力的配置与运作,对村域社会进行组织、管理和调控,从而达到一定目的的政治活动。其三是指村民自治。如郭正林(1999)在分析乡村治理的影响因素时认为,乡村治理概念主要指"村民自治",而村治概念难以反映村庄治理行为及其制度

[①] 张厚安,徐勇.中国农村村级治理——22个村的调查与比较[M].武汉:华中师范大学出版社,2000.
[②] 贺雪峰.乡村治理研究与村庄治理研究[J].地方财政研究,2007(03).

的复杂结构,可以用"村政"概念代之。[①]在郭正林看来,"乡村治理"指的是在乡镇范围内进行公共事务管理的机构职能、组织关系和权力结构划分,它包括乡镇范围内、行政村范围内的关系以及村庄(村民小组)范围内两个层次之间的纵向治理关系,以及相应的横向治理关系。治理的主体在不同层次上各有不同,分别是乡镇政府、村委会和村民。乡村治理包括乡村建设、村民自治、新农村建设等。就当前农村研究而言,虽然村一级的治理研究也具有独立的价值,但村级治理是整个乡村研究中的一个环节,将"村治"限定为"村级治理"不利于整个乡村研究的推进。联系历史,将"村治"仅仅理解为"村民自治"也是不妥当的。据此,乡村治理就是在乡村社区中,通过乡村公共权力介入社区个体成员无力解决的公共事务,达成社区范围内的规模收益,从而实现乡村发展。

第二节 乡村治理的制度框架

《中华人民共和国村民委员会组织法》(简称《村民委员会组织法》)颁布实施之后,各地方有关村级治理的各个层面的法制建设也经历了不断完善和丰富的过程。如今它已经形成了比较完备的、行之有效的村级治理的法规体系,为村级治理活动提供了强有力的法制保障。在这一法制框架下,我国村级治理活动取得了巨大的成就。村民委员会换届选举制度、村级民主决策制度、村级民主监督制度和村级民主管理制度都得到了确立和巩固,农村政治文明水平稳步提升。

一、民主选举村民委员会制度

在村委会民主选举的进程中,各个层面的法律、法规、规章以及行政指导性文件起到了关键性的作用,村委会选举的制度化、规范化程度大大提高,为今后的村委会换届选举顺利实施奠定了制度基础。

第一,制定可操作性较强的工作规程,保证村委会选举的依法顺利进行。《村民委员会组织法》和各地方《村民委员会选举办法》对选举的规定原则性较强,可操作性较弱。村委会选举的实际过程要比规定复杂得

---

① 马宝成.乡村治理结构与治理绩效研究[J].马克思主义与现实,2005(02).

第二章 乡村治理

多,必须有详细的操作程序来规范。因此,根据有关法律法规的规定,结合本地选举工作的实际情况,制定一个切实可行的可操作性强的选举规程,对于指导和规范所辖区域的选举工作、保障广大村民依法行使民主权利、维护法律的统一和尊严是非常重要的,也是十分必要的。为此,许多地方制定并下发了有关村民委员会选举的《工作规程》,对村委会选举各阶段、各环节上的具体工作内容、工作流程和工作要求都作了具体明确的规定,并统一制定了选举文书、选票、表格、选民证和选举大会主持词的样式等。从实际效果看,上述工作规程符合当地村委会选举的实际状况,具有很强的可操作性,对本地村委会选举的依法顺利进行发挥了极为重要的作用。

第二,建立相应的领导责任制,加强对村委会选举工作的领导。为做好村委会选举工作,各地都成立了以主要党政领导为组长的选举工作领导小组,负责部署、协调选举工作,及时研究和处理选举过程中遇到的新情况、新问题。一些地方还实行领导承包责任制,领导干部深入到乡村检查指导投票选举工作,加大组织领导力度。同时,还成立了村委会换届选举工作督察指导组,对村民委员会换届选举工作巡回检查,发现问题,及时解决,对各村的村委会选举工作进行具体的指导和监督。

第三,选举过程严格按照法律法规和程序进行,对违法违规行为及时纠正、严肃处理,保证村委会选举的民主性和合法性要按照法律法规和具体的选举工作规程,严格执行各项工作制度,如选举机构工作制度、回避制度、选举过程和选举结果向选民公开制度等。

第四,深入广泛的宣传工作直接关系到村委会选举的成败。在选举过程中,各级党委充分发挥党的政治优势、组织优势和密切联系群众优势,通过各种形式的宣传,教育和引导群众正确行使民主权利,对于选举中出现的家族、派性干扰和其他违反法律规定的行为,及时进行制止和处理。利用广播、电视、张贴法律法规、悬挂横幅、张贴标语、橱窗展览、举办知识竞赛、文艺演出、召开会议集中学习、挂展板、张贴宣传画、选举知识问答等形式向广大基层干部群众宣传村委会换届选举的重要意义、方法步骤和有关要求,以此增强广大干部群众的民主法制观念,激发他们参政议政的热情。实践证明,这些宣传活动对于搞好村委会选举是非常必要的。

二、民主决策制度

在村级治理的具体运作过程中,各地方基层政府根据有关法律法规的具体规定,建立了村民会议和村民代表会议制度。许多地方还根据本地区实际情况,创造性地制定了"两委"联席会议制度、村干部工作制度和民主议政日制度,发挥这些制度在村级民主决策中的作用,丰富了村级民主决策制度的内容。

第一,依法确立村民会议和村民代表会议的民主决策功能。按照《村民委员会组织法》的规定,村民会议是村级事务决策的最高形式。但是,在许多人数众多、居住分散和村民社会流动比较频繁的村,召集村民会议存在很大的困难。在这种情况下,可以通过召开村民代表会议的形式讨论村级事务。各地经过一个时期的村级民主决策的实践与探索,形成了一套行之有效的做法,积累了丰富的经验。

第二,建立村"两委"联席会议制度。为理顺村党支部与村委会之间的工作关系,许多地方创立了"两委"联席会议制度,明确了"两委"的职责和权限范围:村级各种组织必须在党支部领导下,召开会议。

第三,制定"民主议政日"制度。为提高村级治理的水平,许多地方制定了"民主议政日"制度,其主要内容一般包括以下内容。一是"民主议政日"的参加者一般要求是党员代表、村民代表和村干部。二是"民主议政日"活动的内容,如召开村干部和党员代表、村民代表会议,通报村级领导班子的工作情况和应由"民主议政日"讨论决定的重大事项的实施情况,就当前村政村务的重要事项和重要问题进行民主讨论,听取党员代表、村民代表的意见、建议,决定村政事务的有关事项。三是"民主议政日"的活动程序:召开"两委"或"三委"联席会议,研究确定活动议题和需要讨论决定的重大事项;召开党员大会,讨论"两委"或"三委"联席会议确定的议题;召开党员代表、村民代表会议,通报第一季度村里主要工作和财务收支情况,讨论村里下一步需要抓的重要工作;将活动材料进行整理归档。四是"民主议政日"活动的标准:党员代表和村民代表参加人数必须达到代表总数的2/3以上;整个活动都要按照上级规定的内容、程序进行,记录要完整;所有需要决策和公开的事项要按照"先党内、后党外"的原则广泛征求意见;公开的内容与各级党委、政府规定的内容要一致,数字、情况必须真实可靠;对村里的重大事项和群众关注的问题进行表决。

第四,制定村干部工作制度。该项制度一般包含以下主要内容:村级各种组织要在党支部的领导下,开展工作;要积极落实镇党委、政府与各村签订的双文明责任制,并将各项任务细化分解;村党支部、村委会制定年度工作计划和工作措施;年初必须与村"两委"干部和村民小组长签订工作责任制,年底按责任制完成情况确定工资、奖金,做到奖罚分明、奖惩兑现;严格遵守上下班、值班、请假制度;村干部不得参与走私、贩私、吸毒、嫖娼、行贿受贿、赌博等违法活动;不准有以权谋私行为,不准为亲朋好友办理不合法的宅基地审批、困难补助等手续。这些制度规定增强了村干部责任心,有效约束了村干部的行为,遏制了他们在工作中的随意性和软弱涣散现象。

三、民主管理制度

在加强对村级事务的民主管理方面,各地方还结合本地实际制定了一系列的具体事务管理制度,如村级干部管理制度、村级财务管理制度、印章使用登记制度等,明确了村级事务的管理程序与方式。

第一,村级干部管理制度。为规范"两委"关系和村级工作管理,很多地方实行了村级干部定期考评制度。考评对象为各行政村的党支部委员和村委会成员。村级干部的考评工作每年年终进行一次,由乡镇组成考评小组,采取听汇报、召开座谈会、个别谈话、民主测评、财务审计、查阅资料等形式,广泛听取意见,全面了解情况。村级干部考评的主要内容是:执行政策和上级党委决议的情况;履行岗位职责和完成年度工作目标任务情况;贯彻民主集中制原则情况;维护班子团结情况;遵纪守法、廉洁自律情况;联系群众、为群众办实事的情况以及存在的主要问题和不足。考评还把民主测评作为重要手段,参加民主测评的人员主要是全体党员、村民代表等。乡镇考评小组汇总考评情况,按照优秀、称职、不称职初步确定被考评等次;上报乡镇党委研究决定后,向村党支部和村干部个人反馈考评结果;考评结果记入村干部个人档案。考评结果应作为干部评选先进、奖惩和任免的重要依据。许多地方还制定了村干部工资制度,对村干部的工资构成、工资级别等作了具体规定。

第二,村级财务管理制度。其主要内容包括:建立健全财务管理机构;细化财务管理有关规定;实行财务预、决算制度,建立现金管理制度;在财务支出管理上实行"三笔会签"制度,即财务支出单据必须由经手人、村委会主任、党支部书记共同签字,取消村委会主任或村党支部书记一支笔制度。一些地方还制定了村级招待费管理制度,确保集体账内无镇、村干部就餐的票据,并接受理财监督小组和村民代表的检查与监督;严格控制业务活动费支出。

第三,印章使用登记制度。村党支部、村委会、经济合作社的印章要由专人管理,使用时每次用印时间、事由,由批准人进行签名登记。凡重大事项需党支部、村委会、经济合作社盖章的,必须经过"两委"研究同意,一般事情必须经村党支部书记或村委会主任同意,任何人不得擅自使用印章。凡因个人擅自决定印章使用,给村造成工作失误或经济损失的,决定人和印章管理人必须承担责任,并视情节轻重分别给予党纪、政纪处分。同时,建立签章登记和备案制度。

四、民主监督制度

村务公开是民主监督的主要内容。各地方在实行民主监督的过程中,都把建立村务公开制度作为重中之重来抓,并在具体实践中探索出了其他民主监督形式。

第一,村务公开制度。村务公开是加强村委会工作规范化的重要内容,是规范村务活动、增强村务透明度、促进廉政建设、密切干群关系、维护社会稳定的重要形式。村务公开的关键在于保证其及时性和真实性,否则就会走过场,流于形式。

第二,村级民主监督制度。根据总结各地的有关做法和经验,可以把民主监督的主要内容概括为以下方面。一是村干部民主监督制度。村党支部和村委会年终必须向村民会议或村民代表会议作年度工作报告,并由村民代表会议对报告进行民主评议;村民代表对村委会班子全体成员的工作进行民主评议;本村全体党员和村民代表对党支部班子及成员的工作进行评议;实行村"两委"干部离任审计制度,将离任审计结果向村民代表或村民大会公布。二是财务收支监督制度。村委会于年初将全年收支预算计划,向村民代表或村民公布。村民理财监督小组每半年对村财务收支情况进行一次检查监督,通过后由村委会将财务收支情况,向村民代表公布,同时以公开栏的形式进行公开。三是对宅基地审批、困难补助户的确定、外村人入户等村民关注的问题进行监督。村委会要将以上监督内容,以村民代表会议或公开栏的形式,每半年公布一次。四是对村里重大事项的监督。村民或村民代表有权利对本村资产的拍卖、租赁等重大事项进行重点监督。

第三,村民理财监督小组。实践证明,村民理财监督小组是民主监督的一种有效组织形式。各地农村在民主监督的实践中普遍建立了村民理财监督小组。主要经验如下:民主理财监督小组由村民会议或村民代表会议推选产生,一般由懂财务的村民代表 3～5 人组成。村干部及其直系亲属不得参与民主理财监督小组。村民理财监督小组的主要职责包括:对财务收支和公开内容进行审查监督;参加讨论村财务的年度预决算和大额开支；对村级所有财务收支账目进行检查和审议；对村级财务的使用管理情况提出意见和建议；向村委会反映村民对村务公开工作的意见和建议；向上级有关部门反映村干部在村级财务收支中的违规违纪行为。

第三节　乡村治理的现代化阐释

一、乡村治理现代化的内涵

乡村的治理是一种具体空间上的社会治理，是社会治理的微观基础，具体包括乡镇和村社区的治理。社会治理是国家治理在政社关系层面的主要体现。作为社会治理微观基础的乡村治理，必然与国家治理有着紧密联系，其核心必然紧紧围绕着具体的政社关系的处理。在当前的乡村治理实践中，这种政社关系体现为：国家为乡村治理设定价值导向和发展目标，从中央到乡镇的各级政府向下延伸为乡村治理制定原则规则并提供资源服务，使以基层党政和乡村居民为核心的多元治理主体在国家和地方政府的授权下开展互动，以实现国家政治意图。

党的十八届三中全会首次将"治理"概念引入国家政治话语，激发了不同学科领域学者关于各自领域对"治理现代化"的观点见解。[①]"乡村治理现代化"也得到部分学者的关注，相关研究在十九大报告提出"乡村治理体系"以及2018年中央一号文件提出"加快推进乡村治理体系和治理能力现代化"后走向高潮。在十九届中央政治局第八次集体学习时，习近平总书记指出"从'管理民主'到'治理有效'，是要推进乡村治理能力和治理水平现代化"，并首次提及了"乡村治理现代化"一词，在语境中与"乡村治理体系和治理能力现代化"含义相同。在中国特色社会主义政治话语建构下，乡村治理是国家治理的基础根基和重要组成，乡村治理现代化的内涵理所当然延伸了国家治理现代化的基本内涵。基于上述分析，作者认为"乡村治理现代化"就是乡村治理体系与治理能力现代化，是以最广大人民的根本利益为价值遵循，使乡村治理体系充分适应现代社会发展需要，并转化为实现乡村社会领域各类公共事务发展稳定效能的过程。

现代社会发展对于正确处理城乡关系、有效扭转城乡差距有着迫切

[①] 印子作.乡村治理能力建设研究[M].西安：陕西人民出版社，2021.

需要。党的十九大以来,党和国家提出乡村振兴战略,并将其作为解决乡村社会各类问题的总抓手摆在了治国理政的突出位置。农村现代化既包括"物"的现代化,也包括"人"的现代化,还包括乡村治理体系和治理能力的现代化。有关乡村振兴的一系列重大计划、重大行动、重大任务相继得到贯彻落实,国家对乡村社会的制度供给和资源支持不断加强。在乡村振兴战略的实施下,党在农村执政基础不断巩固,乡村社会逐渐得到条件改善,焕发活力,党领导下"三治结合"的现代乡村治理体系初步建立,我国乡村治理现代化步伐不断推进,走在一条前无古人后无来者的道路上,乡村治理现代化的体制机制和效能转化路径仍在发展和完善的过程之中。从治理现代化的维度看乡村振兴战略落地落实的过程,其实也是国家治理制度优势在中国乡村社会场域中实现效能转化的过程。

习近平总书记在党的二十大报告中提出,全面推进乡村振兴,坚持农业农村优先发展,巩固拓展脱贫攻坚成果,加快建设农业强国,扎实推动乡村产业、人才、文化、生态、组织振兴。具体来说:要全方位夯实粮食安全根基,牢牢守住十八亿亩耕地红线,确保中国人的饭碗牢牢端在自己手中;深入群众、深入基层,采取更多惠民生、暖民心举措,着力解决好人民群众急难愁盼问题,健全基本公共服务体系,提高公共服务水平,增强均衡性和可及性,扎实推进共同富裕;健全社会保障体系,健全覆盖全民、统筹城乡、公平统一、安全规范、可持续的多层次社会保障体系,扩大社会保险覆盖面;加强困难群体就业兜底帮扶,消除影响平等就业的不合理限制和就业歧视,使人人都有通过勤奋劳动实现自身发展的机会;健全城乡融合发展体制机制,促进农业转移人口市民化。要把县域作为城乡融合发展的重要切入点,赋予县级更多资源整合使用的自主权,强化县城综合服务能力;尊重自然、顺应自然、保护自然,是全面建设社会主义现代化国家的内在要求,必须牢固树立和践行绿水青山就是金山银山的理念,站在人与自然和谐共生的高度谋划发展。保护生态与发展生态旅游相得益彰大势所趋;在推进城乡基本公共服务均等化上持续发力,持续推进农村人居环境整治提升行动,抓好改厕和污水、垃圾处理,要合理确定村庄布局分类,注重保护传统村落和乡村特色风貌,加强分类指导;种地上,调动农民积极性,稳定和加强种粮农民补贴,提升收储调控能力,坚持完善最低收购价政策,扩大完全成本和收入保险范围,推动品种培优、品质提升、品牌打造和标准化生产。

此外,"乡村治理现代化"应是一个历史范畴。从马克思主义城乡关系理论出发,乡村的发展方向是以城镇主导推动城乡融合,最终实现城乡一体化。随着城乡融合的不断推进,乡村治理现代化的发展趋向必然是城乡治理一体化,城乡治理也将真正统筹于社会治理。"十四五"规划中第五十一章正是基于乡村社会演化规律和城乡融合理念对"构建城乡基层社会治理新格局"进行了统筹规划和重点安排。

二、乡村治理现代化的特点

2019年10月,十九届四中全会系统总结了中国特色社会主义制度完善工作,明确了持续推动国家治理体系与治理能力现代的前进方向与工作要求。目前,我国约有3.29万个乡镇,58.6个行政村,270余万的自然村。在这些乡镇与村居中,分布着6亿余的农民。[①] 对于国家治理而言,乡村社会是保障和基础,同时也是现代化过程中传统部分的代表,从某种意义上来说,乡村社会需要直接面对国家主导与城市驱动的现代化挑战。近年来,我国农村与农业加速发展,传统的农业社会、文化与经济也逐渐转型,并且朝向现代社会、文化与经济方向发展,这就对我国乡村治理能力与乡村治理体系提出了更高的要求,也就是指乡村治理必须进行制度改革与治理理念的更新,以此适应我国当下农村治理主体日益增长的公共管理需要,使我国乡村治理方式从传统的"管理"向现代社会的"治理"转型,最终提高我国乡村治理的能力与现代化水平。由此可见,一个国家制度执行能力的高低是由治理体系与治理能力的现代化程度决定的,而在国家治理体系中,乡村治理体系有着非常重要的地位,因此乡村治理现代化的进程直接决定了我国国家治理能力现代化水平的高低。在乡村振兴的背景之下,乡村治理现代化工作更应该结合现实需要,立足乡村发展与乡村振兴,将实现国家治理体系与治理能力现代化作为奋斗目标,不断促进乡村社会多元化发展,推动乡村生活与乡村发展稳步进行。乡村治理能力的提升要重视制度化、法制化、民主化、技术化等原则,引导乡村发展的所有相关主体踊跃参与,相互配合,坚持德治、法治与自治,最终形成多元共治、多元共享的局面,激发乡村社会的发展活力,实现当代乡村和谐、有序的发展。乡村治理现代化应当具备如下特征。

(一)治理主体多元化

在我国的改革开放初期,乡村治理主要指的是在党的单一化领导下

[①] 徐晓全.当代中国乡村治理结构研究:现状与评析[J].领导科学,2014(08).

政府专权管制现象,主体的单一化是当时乡村治理的主要特征。随着治理制度的完善与深入发展,为了提高广大农民政治参与积极性,调动基层政府的活力与力量,我国把基层的行政力量当作巩固乡村治理的主要途径。这也导致了失衡现象在乡村治理过程中的出现,这一现象主要表现为以下几个角度。第一,由于国家与乡村社会之间缺少明确的界限,受传统工作方式与治理理念的影响,乡镇政府往往采用管制的方式处理乡村事务,导致乡镇政府的职能占据了越来越高的地位。第二,乡镇政府的管理范围涉及了乡镇这一行政区域的经济。文化等诸多方面,若缺少有效的控制与规范,极易导致乡镇政府管理的失灵现象的出现。第三,在传统的乡村治理方式与治理观念中,乡镇政府与广大乡村成为上级与下级的关系,除了能够决定村委会的工作内容、工作职责与工资发放,乡镇政府还负责村级经济的发展,而乡镇政府的工作事务有赖于村委会的推动。但是,在实际的基层工作中,村委会与乡镇政府的关系日趋紧张。为了解决这一问题,我国采取了党政分开的措施,以求以此作为突破口,改变乡村治理过程中的单一管制主体带来的失衡问题。随着政府与党逐步分离与社会经济的进一步发展,二者的独立性越来越强直至成为相对独立的乡村治理主体,但此时乡镇政府的公权力管制依旧占据乡村治理的主要地位,乡镇政府通过各种方式对村民及组织的行为进行调控与限制。20世纪80年代,企业开始展露风头,在乡村治理的过程中逐渐扮演了一个治理主体的角色,发挥着一定的乡村治理作用。20世纪90年代,在政府的许可之下,各种民间组织纷纷涌现,和工会、妇联等原有的群团组织成为另一种治理主体,参加到乡村治理的过程中,并发挥了不可忽视的作用。从此以后,乡村治理的主体不再仅限于政府这一单一的管制主体,各级党组织、各类企业与事业单位、各种民间团体与村民个人都成为乡村治理不可缺少的一部分,参与到了乡村治理现代化建设的过程中来。我国的乡村治理现代化进入了一个新阶段,治理主体也更加趋于多元化、互动化。

(二)党的领导现代化

从历史经验来看,中华人民共和国成立后的很长时间里,中国共产党、国家和农村社会走向了全面的一体化,政党、国家对农村社会的全面控制限制了现代意义上的国家治理的实现。改革开放以来,广大农村地区不仅从经济上实现了快速的增长,在乡村治理方面也获得了活力与空间。因此,中国共产党进一步梳理了党政关系,实现了党的执政方式逐步向服务型政党转变。这一转化,进一步释放农村基层自治活力,定义了政府在乡村治理中的角色与作用,把中国共产党对农村社会的全面控制转化变成对乡村地区的有效领导,大大助力了乡村治理现代化的进程。因此,在乡村治理现代化的进程中,中国共产党基层党组织自身的建设与完善已经成为乡村治理的重要组成部分。只有不断加强党本身的建设、增强党的领导力,强化基层党组织对基层各类组织的领导核心作用,通过党建引领基层其他乡村治理主体,达成多元主体的协同效应,才能够不断实现中国共产党与时俱进的现代化发展,推动乡村治理现代化进程,助力乡村振兴伟大战略的实现。

(三)治理目标服务化

一开始,政府作为公权力的掌控者,在管制职能的发挥中起到非常关键的作用,只有对国家的政治、文化、经济、社会等方面进行整体的管理,才能推动国家更加持续稳步的发展。因此,乡镇政府作为乡村治理的主要主体之一,不仅在早期管理乡村各方面事务时起到带头作用,还在推进乡村治理能力现代化进程中将管制职能的发挥作为非常重要的治理手段。自改革开放之后,政府管理体制面临着一次又一次的改革,政府的职能与之前相比也存在较大差异,所扮演的角色也逐渐由管理职能转向服务职能。1998年颁布的《国务院机构改革方案》明确提出"公共服务"一词,这也是它第一次以国家基本职能的身份出现在公共领域之中。在之后颁布的《政府工作报告》中也将"建设服务型政府"作为今后的工作目标,并且在现有的基础上又提出了一系列的相关措施。在党的十六大与党的十七大召开之后,国家不断明确"服务型政府"的基本内容,并且打造了相配套的公共政策体系来助力服务型政府的建设。政府也在深度剖析服务型政府的深层含义,不断明确基本的工作内容,打造科学完善的公共政策体系。不仅如此,在党的十六届六中全会上,更加深入全面地讨论了服务型政府的建设。至此,政府职能已经完成从传统管制职能到现代服务职能的转变。在推进乡村治理能力现代化建设的过程中,乡镇政府也慢慢转变工作职能,对自身职能的理解也有更为清晰与明确的认知,清楚自己所负责的工作内容,并且利用乡村社会的力量,不断发展与完善政府与乡村社会组织共治的新局面。乡镇政府是否树立了坚定的服务政府意识是决定乡村治理现代化发展的关键,在治理的过程中,要不断强化人民当家作主的主体地位,强调民主化与合理化决断。

（四）治理方式民主化

治理中要协调好乡政府的行政干预和村组织的自治功能,发挥村党组织对村级各类组织的领导核心作用和桥头堡作用。首先,完善党组织领导的充满活力的乡村群众自治机制,拓宽村民参加治理的范围和途径,丰富村民参加治理的内容和形式,让村民能够依法办理自己的事情,促进政府治理与村民自治良性互动。完善村民代表会议和协商议事会议制度,健全民情恳谈、听证、论坛、评议等对话机制,推进民主协商的制度化、规范化和程序化。拓宽利用媒体、互联网络、移动设备等进行农村管理的渠道,充分发挥村民在乡村治理中的主体作用。其次,加强党风廉政建设,进一步完善乡村党务、村务、财务、服务等信息公开制度,健全农村信息公开目录,采取多种形式和途径,及时公示村务工作的办事流程、工作进度、执行效果、经费收支等情况,接受群众监督。有序开展村民对基层政府及其派出机构工作情况的评议,对服务单位和服务企业的服务情况进行监督,切实维护群众民主权利与合法权益。乡镇(街道)加大对村级事务管理的监督和指导,提升乡镇党委政府的村级治理能力,实现到位不越位。最后,完善矛盾调处机制,健全县、乡、村、村民小组四级人民调解网络。加强乡村治保委、调解委建设,使乡村内部矛盾纠纷通过自治组织和社会组织及时化解在基层。健全公共政策社会公示制度、公众听证制度,实行网上受理信访制度,畅通和拓宽群众诉求表达渠道。依法依策及时妥善处理群众的合理诉求,凡是与村民切身利益密切相关、影响面广或容易引发社会不稳定的重大决策事项,充分听取村民意见,及时反馈处理结果,防止因决策不当而损害群众利益。重点解决土地征用、房屋拆迁、环境保护、食品药品安全等方面群众反映强烈的问题。

（五）治理手段智慧化

乡村治理是国家治理的基石。大数据环境下,新一代信息技术的发展推动了基层社会治理模式的变革,促使乡村治理向智慧化、数字化、信息化演进。乡村智慧治理以建设"智慧乡村"为导向,实现了科技创新与基层治理的深度耦合。实施乡村智慧治理既是新时代构建中国特色乡村治理体系的内在要求,也是全面促进乡村振兴的重要驱动力。基于刀刃向内的自我革命精神审视,乡村智慧治理在优化乡村传统治理模式、提升乡村治理效能的同时,也面临着技术泛化与主体价值冲突、技术主导与主体权益冲突、技术开发与社会公正冲突等诸多伦理风险与挑战。

党的十九大报告指出:"实施乡村振兴战略,必须加强农村基层基础工作,健全自治、法治、德治相结合的乡村治理体系。"自治、法治、德治是社会治理的基本方式方法和有效治理路径。自治作为本体,激发乡村治理的内生活力;法治重保障,规范乡村自治的行为秩序;德治强引领,培育基层社会的文明生态。"三治融合"作为推进乡村治理的有力抓手,同时也对现代化的治理理念与治理方式提出了更高的要求。智慧治理的出现为"三治融合"提供了智慧型治理平台,依托科技信息手段,推进基层治理工具向多样化、专业化、高效化转型,从而加强和创新社会治理。乡村现代化智慧基础设施除了包括光纤宽带广播电视网等传统网络资源以外,还涵盖了物联网、云计算大数据、人工智能、区块链等智慧程度更高的信息技术。以科技创新为支撑的智慧基础设施是乡村治理智慧化得以实现的物质条件。在乡村治理中扮演"掌舵者"角色的政府应牢牢树立全局意识,做好顶层设计,健全和完善智慧治理制度。

十九届四中全会提出:"加强和创新社会治理,建设人人有责、人人尽责、人人享有的社会治理共同体。"乡村社会治理主体包括政府、社会组织、经济组织、非营利性公益组织和村民等。构建乡村新型多元治理网格结构,需要改变治理主体单一化、治理模式科层化的弊端,增进政府与非政府组织之间的有效互动。在尊重人民群众主体地位的同时,加强自治组织、社会组织、志愿服务组织与政府组织之间的互动联系,利用智慧手段有效整合和协同乡村治理主体,实现城市治理资源与乡村治理资源的有效衔接与整合。打造乡村智慧治理共同体,提高乡村社会的内聚力组织力、服务力。实施"互联网 + N"服务,推进乡村基层政务服务数字化建设,"互联网 + 电子政务"进村进乡,打造贯通市、县镇、村四级的智慧管理平台。此外,"互联网 + 交通""互联网 + 住房保障""互联网 + 医疗"等也可以在乡村社会有序推广,从而进一步丰富乡村数字化治理的内涵与形式,推动科学技术手段与乡村生产生活的有机融合。

第三章 乡村治理现代化的实践经验与异域借鉴

自从提出乡村治理现代化建设目标以来,我国先后进行了三批乡村治理现代化试点工作,各地在乡村治理方面采取了诸多先进做法、积累了丰厚经验,在重构基层权力运行体系、健全民主决策和民主管理机制、整合基层资源、创新治理手段、优化基层公共服务等方面都有新的亮点和创新,对于推动我国乡村治理现代化起到了积极作用。当然,与较早实现现代化的西方发达国家相比,我国提出乡村治理现代化目标的时间相对较短。西方虽然与我国政治制度不同,但是在现代化的目标、理念、方式方法等方面还有一些共同特征,可以供我们借鉴参考。回顾我国追求乡村治理现代化的历史脉络,有利于理解在我国实现乡村治理现代化的特殊性,分析西方发达国家的经验,有利于我们用"他山之石"理解乡村治理现代化的普遍性要求,从而实现共性与个性、普遍性与特殊性的统一。

第三章 乡村治理现代化的实践经验与异域借鉴

第一节 我国乡村治理现代化的理论基础

理论作为观念的凝结和升华,赋予了我们观察、分析、解决相关问题的不同视角,是我们开展相关研究的基础。我国乡村治理的发展并不是孤立分离的,这一伟大实践以马克思列宁主义经典作家治理理念为理论指导,深深根植于中国传统文化中的治理理念,以马克思主义中国化进程中的治理理念为直接理论来源,并且借鉴了西方治理理论,这些治理理念及理论共同铸就了我国乡村治理的坚实理论基础。

一、马克思列宁主义经典作家的治理理念

(一)马克思、恩格斯的社会治理理念

马克思、恩格斯在批判资本主义治理方式、总结无产阶级革命实践的同时思考在国家发展中如何管理社会,并且对这一问题进行具体阐释。[①]

一是关于国家与社会的关系。在马克思主义产生之前,黑格尔曾倡导"国家高于市民社会",认为国家是目的而不是手段,国家凌驾于社会。马克思在批判继承黑格尔思想的基础上对国家与社会的关系进行概括总结,认为二者相互依存又相互分离,并指出国家主权是以人民主权为基础的。政治国家的存在依赖于市民社会,国家不能凌驾于市民社会之上,而是应以人民主权为立足点,并受市民社会制约和监督。马克思对国家与社会关系的思考,不仅丰富了其国家学说,也为实现国家治理体系和治理能力现代化提供了科学指导。

二是社会管理职能。马克思、恩格斯强调了社会治理在国家中的基础性地位,认为社会治理是国家存在的基础,也是国家必须履行的一项职能。政治统治到处都是以执行某种社会职能为基础,而且政治统治只有在它执行了这种社会职能时才能持续下去。执行社会管理职能是政治统

---

① 中央党校马克思主义理论教研部课题组,宋福范.破解乡村治理现代化难题[N]. 人民日报,2015-03-29(006).

治得以存在的条件。这种社会管理职能的存在保证了国家职能的延续性。政府应执行的合理职能应由"社会本身的承担责任的勤务员来执行",为人民提供服务并受公社监督。

三是对市民社会和政治国家的未来发展预判。马克思、恩格斯认为,在阶级社会中,国家控制着社会,社会从属于国家。只有在社会主义制度下政治国家才能转变为社会服务的机关,国家才能真正为社会服务。国家消亡的过程也就是回归社会的过程。未来社会是每一个个体自由而全面的发展,是"自由人联合体"。只有建立真正的民主制度,人民主权才能实现。总之,马克思、恩格斯的社会治理思想对当前我国政府由管理职能向服务职能的转变具有积极意义。在乡村治理中,也要积极发挥乡镇政府的服务职能,保证广大村民的根本利益。

(二)列宁的社会治理理念

列宁在继承马克思、恩格斯社会治理理念的基础上,结合苏维埃俄国的实际,提出了社会治理新理念。

一是强调党的领导重要性。[①] 列宁着重强调组织人民进行建设和管理国家。在国家治理中首先必须明确党始终在国家发展各项事业中居于领导地位。执政党和国家机关的关系应该是党政分工。这种党政分工的方式有利于更好地发挥各自职能,推动社会主义国家更好运转。

二是明确人民在国家治理中的重要地位。国家建设应该为人民服务,充分体现人民群众的意志,吸引全体劳动居民独立参加国家的管理工作,动员人民群众的力量建设国家、管理国家。列宁还结合俄国社会实际发展社会主义商品经济,调动群众的参与积极性,化解基层冲突。

三是重视法治。列宁看到官僚主义在苏维埃政权和国家建设中的危害性,进而主张反对官僚主义,重视法律法规的健全完善,制定符合俄国发展实际的法律体系,从制度上预防官僚主义的产生,并针对农村管理提出基层社会的法律思想。虽然其社会治理理念还不够成熟完善,但是对于我国乡村治理依旧有借鉴意义。

二、中华传统文化中的治理理念

中华传统文化有其独特的价值。先秦诸子百家对治理曾作出较系统

---

① 马添. 乡村振兴战略背景下农村基层治理研究[D]. 东北师范大学,2018.

的探讨,集中表现在儒家、道家和法家的治理思想中。三家各自有其核心价值和目标追求,不断完善发展,形成中国独特的传统治理理念。

儒家治理理念。以孔子为代表的儒家主张礼治、德治,形成了一套"德""礼"兼备的治国思想,深刻影响着中国传统社会的发展。儒家的"礼治"思想强调伦理观念,要求不同的社会关系有不同的行为规范,有着明确的界限和秩序。此外,宣扬"性善论"。孟子认为"仁、义"等美德是根植于人们内心的思想,统治者都是道德至善的化身,要重用有贤能的官员。若让心怀邪念的人从事管理国家的工作,则"民不服"。在维护古代社会秩序中,统治者注重"礼"在社会治理中所发挥的作用,通过约束人们的行为和欲望维护社会稳定。儒家的"德治"思想强调"修身、齐家、治国、平天下",主张"德主刑辅""为政以德"。"正人必先正己",统治者应具备较高的道德操守,若统治者道德败坏,虽有号令也难以召唤天下。各级官员也应有较高的道德修养。统治者以道德操守感召人民,教化人民。国家治理要以民为本,顺应民心,才能得到人民的拥护和信任。儒家的治理思想在当时的社会环境下虽然是为封建统治服务的,但不可否认其中所蕴含的合理因素。

道家治理理念。道家主张"无为而治",强调"无为"的最高境界,通过无为的方式达到天下大治的境界。老子赞美清净无为的真圣人,认为统治者应有较高的素养,减少国家权力对百姓的干预,顺应自身发展,保证民众生存的自由。百姓与统治者各自安闲自舒,达到"我无为,而民自化"的状态。老子强调"道"的自然性和规律性,"生而不有,为而不恃,长而不宰"。宇宙万物都有其运动规律,人类社会发展不能违背其客观规律,不可肆意妄为,即治理必须遵循客观规律,顺应民意,让利于民,实现"有所为"和"有所不为"的统一。当前,道家思想在注重社会和谐、"基层减负"等方面依然具有借鉴意义。

法家治理理念。以韩非子为主要代表的法家主张"法治"思想,强调建立以君主为核心的中央集权社会,统治者依法令行事,按照统一的法律开展社会治理。在强调法律、制度的同时韩非子强调"严刑重赏"的重要性,以法令为依据进行惩罚和行赏,认为惩罚一人可震慑所有人,重赏一人也可激励所有人。这种方法在秦朝得以实践,成为治理国家的重要法则。慎到注重"势"的作用,强调国家权威对建立良好社会秩序、维护中央和地方统一的重要性,强调治理国家的方式。相比于儒家"仁治""德治"的思想,法家崇尚"法治"高于"人治",遵循法律面前人人平等原则,一定程度上体现了公平正义,在古代社会产生了重要影响。但是,法家思想对"法"的公正性认识与现代法律有着本质区别,但其"不别亲疏、不输贵贱、一断于法"的思想在封建社会闪耀着理性的光辉。

三、马克思主义中国化进程中的治理理念

中国共产党一经成立就以马克思主义为理论指导,并结合不同历史时期的党情国情,立足于各个阶段的治理实际具体问题具体分析,所形成的观点逐步凝练成中国共产党马克思主义中国化的治理理念。

（一）毛泽东治理理念

毛泽东同志突出强调人民主权思想,注重人民主体地位。早在新民主主义革命时期,毛泽东同志就指出人民是革命胜利的根本,强调紧紧依靠群众,提出"工农武装割据"理论。在社会主义建设时期,强调党是社会主义建设核心的同时也强调社会主义建设是人民群众的事业,高度重视农民在社会主义建设中发挥的作用。党的各项具体工作的开展离不开农民群众的参与。没有农民群众的广泛参与,社会主义事业无法取得成功。毛泽东同志重视人民意旨,以民生问题为导向探索建立了一套社会保障制度,如社会救助制度、社会保险制度和社会福利制度等。强调人民监督政府的重要性,通过人民对政府的监督,提升政府的治理能力,更好地为人民服务。此外,毛泽东同志注重对农村干部的监督和培训,要求干部在生产实践中提高自己的业务水平,并且科学把握矛盾规律,以矛盾化解为抓手,解决敌我矛盾和人民内部矛盾,维护良好社会秩序。毛泽东同志还提出农业现代化的目标,重视农业科学技术的发展,强调科学技术对发展现代农业的重要性。

（二）邓小平治理理念

改革开放和社会主义现代化建设进程中,邓小平同志在继承毛泽东同志治理理念的基础上,结合中国改革实践,形成了丰富的治理理念。邓小平同志更加注重社会治理,强调基层民主的重要性,将基层民主建设置于突出地位。把权力下放给基层和人民,在农村就是下放给农民,强调给予基层、企业和乡村中的农民更大自主权,保障基层人民的权利,调动人民生产积极性。邓小平同志强调农村的稳定,指出农村的稳定发展对于中国的发展来说至关重要,并且强调大力发展生产力,丰富物质基础,因为生产力是社会发展的动力。解决农民温饱问题,提升农民生命水平,必须大力发展生产力。此外,邓小平同志还强调法治的重要性,指出社会主义法制和民主二者是紧密联系的,并且提出了社会主义法制建设的方针,提倡依法办事,以制度推进乡村发展。

(三)江泽民治理理念

江泽民同志在继续推进改革开放的进程中提出"依法治国"的基本方略,只有不断完善法律,才能更好地维护社会公平,保证人民安居乐业。江泽民同志强调政治文明、精神文明及物质文明是不可分割的有机整体,重视农村物质文明建设和精神文明建设。在党的建设和社会建设关系中,江泽民同志强调党的建设和管理事关社会建设的基础。只有建立先进的政党才能从根本上解决社会发展问题,解决好人民内部矛盾。乡村治理也不例外。并且,强调完善基层民主制度,切实保障农民合法权益,扩大农村民主范围,调动人民群众的积极性,吸引更多的人民群众参与到社会治理中,保障人民真正当家作主。此外,江泽民同志重视农民贫困问题,大力开展扶贫攻坚。其中西部大开发战略就是解决西部农村贫困的重大决策之一。

(四)胡锦涛治理理念

胡锦涛同志在全面推进社会主义现代化建设的时代背景下强调"以人为本"的治理理念,从人民群众的根本利益出发创新社会管理,强调创新社会管理的重要性。注重改善民生,提出社会主义新农村建设的重大任务。注重城乡统筹发展,要求充分发挥城市对农村的辐射带动作用。在农村基层党组织建设方面提出"五个好"目标,一方面,强调加强基层党组织自身建设,更好地服务村民;另一方面,强调抓主要矛盾,解决关键问题。积极践行"以人为本"原则,尊重农民主体地位,维护农民权益,建立"四议两公开"制度,完善民主管理制度,尊重村民各项民主权利,保证人民当家作主,推进农村社会和谐发展。

(五)习近平治理理念

习近平总书记继承马克思、恩格斯及列宁的治理理念,在总结以往治理经验的基础上对治理思想进行新探索,创造性提出"社会治理"。强调改革创新是社会治理的动力,要求"紧紧围绕更好保障和改善民生、促进社会公平正义、深化社会体制改革"。坚持改革创新是缓解社会矛盾的有效途径,创新社会治理体制和方式是社会发展的必然要求。习近平总书记提出"推进国家治理体系和治理能力现代化"的目标和任务,并且提出进一步创新和完善乡村治理体制,建立健全党组织领导的乡村自治、法治、德治相结合的乡村治理体系。法治建设是社会治理的基础。习近平总书记强调"必须实现党、国家、社会各项事务治理制度化、规范化、程序化,不断提高运用中国特色社会主义制度有效治理国家的能力"。[1] 社会治理能力的提升、实现治理有效要以健全的社会治理体系和制度为根本,也只有在法治的保障下,全面深化改革才能稳步推进。社会主义核心价值观是推动治理现代化的精神力量。习近平总书记强调社会主义核心价值观的重要性,提出要将培育和弘扬社会主义核心价值观作为一项根本任务来抓,是社会治理现代化的思想武器。

第二节 我国乡村治理现代化建设的实践

"历史不外是各个世代的依次交替"[2],人类历史的发展过程往往是前后相继、要素相互联结的过程。乡村治理的现代化元素往往是从旧有社会环境中孕育而生的。研究乡村治理要站在历史的视角看待问题,通过对乡村治理演进历程进行梳理,探究不同时代背景下国家政权与乡村社会的互动,以对当前新发展阶段乡村治理现代化研究提供借鉴和启示。

---

[1] 习近平. 习近平谈治国理政[M]. 北京:外文出版社,2014.
[2] 马克思,恩格斯. 马克思恩格斯全集·第三卷[M]. 北京:人民出版社,1960.

第三章 乡村治理现代化的实践经验与异域借鉴

一、我国推动乡村治理现代化的过程

乡村治理的演进并非激进的改革,而是一个逐渐变化的过程。纵观我国乡村治理的演进历程可以发现,乡村社会的发展离不开国家的渗透和控制。结合不同历史时期国家政权与乡村社会互动的历史背景,在参考学术界相关研究成果的基础上,将乡村治理演进过程分为五个主要历程。

(一)摸索部分农村有效治理阶段(1921—1949)

其实,早在中华人民共和国成立之前,共产党就已经扎根于广大乡村,将政权建设与农民动员有机结合,实现了对中国部分农村地区的有效治理。在中央苏区时期,中国共产党设立乡苏维埃政府,真正将国家政权下沉到乡一级,成立苏维埃国家农村基层政权组织。乡苏维埃政权紧密联系群众,设置乡苏代表会议、选举乡苏维埃主席团、乡苏维埃主席等,将大批工农兵先进分子选举到苏维埃政权中,处理乡苏维埃日常事务。在乡苏维埃政权下,设立各种群众委员会、人民团体和各类群众组织,如妇女会、贫农团等,将绝大多数群众紧紧团结在基层苏维埃政府周围,便于党各项具体政策的贯彻落实。苏区干部带头参与到各项具体事务中,在带领妇女担当起生产任务中,是共产党员率先学会用犁耙然后带动村里其他妇女学会用犁耙。在长冈乡扩红运动中,也是党员干部先报名参军。这种党员的示范带动对于动员农民群众积极参加土地革命发挥了重要作用。乡苏政权将分散的乡土社会整合成一个整体,成为高度组织化的乡土社会,将党和政府的意志全部介入农民的日常生活中,保障了苏维埃政府对乡村社会的领导。毛泽东同志曾指出:"依靠于民众自己的乡苏代表及村的委员会与民众团体在村的坚强的领导,使全村民众像网一样组织于苏维埃之下,去执行苏维埃的一切工作任务,这是苏维埃制度优胜于历史上一切政治制度的最明显的一个地方。"[1]

但是由于当时战事吃紧,乡苏维埃政权建设的系列配套措施并没有跟上。延安时期,中国共产党取得了政权的合法建构地位,在陕甘宁边区制定了党在农村基层组织的相关制度,确保了党对农村基层政权渗透。

---

[1] 中共中央文献研究室.毛泽东文集:第一卷[M].北京:人民出版社,1993.

中国共产党既是农民利益的代表者,也是政治权力的核心。在农忙时,农村党支部结合乡村实际以生产为主,领导农民进行生产;农闲时,则注重党员的党性教育。党员同志还承担了党的政策宣讲员角色,多种途径向农民宣传党的政策。而且,乡村党组织深入群众,真真切切关注农民利益,时刻为农民着想。在选举投票中,考虑部分农民不识字,可能无法正确表达自己的选举意愿的事实,采用"投豆法"等方式参与投票,使广大人民群众的利益得以表达。

(二)乡村治理初步探索阶段(1949—1978)

新中国成立初期,资源被优先用于城市和工业,围绕着乡村治理所采取的各项措施都是服从服务于国家现代化这一整体目标。因此,当时乡村治理主要以政权下沉和功能调整为主。国家政权不断向基层下沉,政权建立到乡和村一级,行政村与乡是一级地方政权机关。土地是农村最主要的生产资料。为改善国民生产基础薄弱现状、突破个体小农生产的局限,土地改革运动在农村分期分批展开,不仅实现了由封建半封建的土地所有制向农民土地所有制的转变,解放农村生产力,而且农村阶级结构也发生变化,农会代替宗法组织成为乡村权力的行使者。

到1954年,根据《宪法》规定取消了行政村建制,乡、民族乡、镇成为当时我国农村基层政权组织。为实现农民个体所有制向社会主义集体所有制的转变,在农村生产方式中党中央开始进行合作生产运动的探索,对农业进行社会主义改造,创立了农村新的政治秩序。整体上看,农业合作化运动创造出互助组、初级合作社和高级合作社这三种具有鲜明特色的形式,促进了农业的发展,为社会主义现代化建设提供了物质保证。随着农业合作化运动的开展,1958年,中央正式通过《关于在农村建立人民公社问题的决议》,会议一个多月后乡村地区逐步建立起人民公社。人民公社将农民组织起来,以生产队代替过去以家庭为单位的经营模式,既是农村基层政权组织,承担着原先政府的行政职能,也是经济组织,起着集体经济组织的作用,实现了国家权力对乡村社会的全面渗透。这种生活集体化的管理方式一定程度上削弱了农民的主动性和积极性,不利于乡村社会的长远发展。

第三章　乡村治理现代化的实践经验与异域借鉴

(三)乡村治理逐步展开阶段(1978—2002)

20世纪70年代末期,人民公社体制本身的僵化及所暴露出的弊端让其难以为继,国民经济的恢复和发展已不能继续从农村大量汲取资源。乡村治理权力逐步回归到农民手中,从农民自发的"包产到户"实践到后来兴起的家庭联产承包责任制改革之风,逐步放活了农村经济,提高农村整体生活水平。随着改革开放方针的实行,我国乡村治理工作逐步展开,农村政治社会生活发生了根本性变迁。国家与乡村社会关系开始逐步调整,我国乡村治理迈入了新阶段。家庭联产承包责任制的实施,使农民获得自主生产经营权,极大地调动了农民的生产积极性,乡村社会也开始有向市场化发展的趋势。与此同时,国家对乡村社会的控制开始松弛,国家政权逐步退出村级层面,收缩至乡镇一级。1983年《中共中央、国务院关于实行政社分开建立乡政府的通知》的下发,国家与社会逐渐分离,人民公社彻底退出历史舞台,乡镇政府取代了人民公社成为基层政权,并且建立村民委员会废除了生产队体制,实行村民自治。强调要充分发挥群众团体和基层群众性组织的作用,逐步做到群众的事情由群众自己依法去办,村民开始真正当家作主。这种"乡政村治"的管理模式对我国乡村治理产生了深远的影响。从1982年至1986年,连续五年中央一号文件的发布,为农村发展提供各项政策性安排,积极促进农村制度的完善。现代化的实现往往是伴随着市场化进行的。随着改革开放的持续深化,社会主义市场经济体制建立,进一步激发了乡村社会发展的活力。当农民的生产积极性释放完之后,农业生产进入了新的瓶颈期。农户虽然有农业剩余索取权,但是在交够国家,留足集体后,剩余的往往比较少。并且,乡村的市场化流动增加了社会流动的机会,部分农民开始向城市流动,其职业取向、收入来源等都发生着变化,乡村治理面临着新的考验。

(四)乡村治理稳步推进阶段(2002—2012)

进入21世纪,城市与乡村资源配置关系发生变化。国家不再汲取乡村资源而是转为资源输送,这意味着国家权力以一种新的方式嵌入乡村,乡村不再是实现现代化的手段,而是发展目标。2005年,党的十六届五中全会将"建设社会主义新农村"确定为我国现代化进程中重大历史任务,之后又提出建设"美丽乡村"目标,强调"建立健全村党组织领导的充满活力的村民自治机制"。国家全面着手农村经济社会发展考虑乡村治理问题,乡村社会发生巨变,我国乡村治理进入稳步推进阶段。中央政府在各地试点农业税费改革,并于2006年全面取消农业税。农业税取消后,国家大规模向农村提供转移支付,工业开始反哺农业,各项公共财政向乡村倾斜,各类支农项目纷纷下乡。从制度上破除城乡二元制体制,城市开始支援乡村,要求"充分发挥城市对农村的辐射和带动作用"[1],推动城乡公共服务均等化,保障基本社会服务。党中央注重改善民生,相继推出系列惠农政策,完善科教文卫事业,普及义务教育,解决农民在衣食住行等方面的问题,满足广大村民的基本生活需要,维护农民权益。积极推进精神文明建设,通过开展农村"三户"创评工作、"十星级文明户"等活动提高农村社会主义精神文明水平。稳步推进农村改革,加强农产品市场监管力度,保护农民合法经济利益。着眼于探索建立现代社会治理体制,创新农村社会管理,并提出建立党组织、政府、社会和公众互联互动的社会管理网络,加强农村社区建设,培养社区服务性、公益性、互助性社会组织。

(五)乡村治理深化拓展阶段(2012至今)

党的十八大以来,着眼于实现全面建成小康社会的奋斗目标,党中央提出了一系列战略方针,其在理论和实践上进一步深化拓展了乡村治理。2013年,习近平总书记在湖南湘西十八洞村调研时首次提出"精准扶贫"思想,之后就精准扶贫工作明确提出"六个精准"要求和"五个一批"具体策略,推动我国乡村治理持续改革创新。2015年开始推行"第一书记"政策,选配干部担任贫困乡镇党政主要领导,强化农村基层党组织的制度建设,将党组织强大的"政治势能"转化为推动脱贫攻坚的坚强保障。这样,各种制度安排和治理工具被整合到一个以村党支部为核心的治理结构中,加强了党对农村的领导。改善乡村治理机制,对健全基层民主制度、创新基层服务管理等问题进行阐述,对乡村治理提出更为精细化的要求,在社会治理体系构建中加入"民主协商"和"科技支撑"元素,进一步明确了现代社会治理体制构建目标,国家权力和乡村社会权力向着互通互融方向发展。推进乡村改革和制度创新,鼓励扩大村民自治试点,探索符合各地实际的自治有效实现形式。党的十九大适时提出乡村振兴战略,其中治理有效是乡村振兴的重要内容,是实现国家有效治理的基石。党

---

[1] 中共中央国务院关于进一步加强农村工作提高农业综合生产能力若干政策的意见[N].人民日报,2005-01-31(01).

第三章　乡村治理现代化的实践经验与异域借鉴

中央不断深化对城乡关系的认识,提出构建"工农互促、城乡互补、全面融合、共同繁荣"的现代化城乡关系,将更多资源下沉到基层,提供更加精准化、精细化的服务,突出强调公共资源在城乡间的均衡配置及生产要素在城乡间的自由流动,加快城乡融合发展过程。

二、中国共产党乡村治理的经验

在中国共产党领导的长期乡村治理实践中,积累了丰富的乡村治理经验。坚持基层党组织的领导核心地位、坚持人民主体地位、坚持按照公平原则进行利益分配、坚持与时俱进,不断创新和加强乡村治理,既是共产党领导乡村治理的经验集成,也是乡村治理的实践创新。

(一)坚持基层党组织在乡村治理中的领导核心地位

纵观乡村治理的演进历程发现,基层党组织的领导是整个乡村治理稳定有序发展的关键。基层党组织在乡村治理中领导核心地位的形成有其内在逻辑。列宁曾指出:无产阶级在夺取政权的斗争中,除了组织,没有别的武器。中国共产党一开始就注重组织建设,要求将党建设成组织严密的政党。在乡村社会,也需要强有力的党组织领导才能实现对乡村的有效治理。在1925年,党的四大就首次规定了支部是党的基本组织单位,通过土地改革、党员与村民联合生产等方式将政权组织真正嵌入乡村。中华人民共和国成立初期,在农村基层党组织的领导下完成土地革命,改变了数千年的乡村经济关系,农民拥有了土地使用权。但是,分散的小农经济并不利于乡村经济的发展,党组织凭借组织资源优势嵌入乡村社会,组织动员农民,通过对社会整合掌握国家政权。人民公社体制虽然抑制了社会原本的独立性和自主性,但是当时农村资源对国家工业化建设发挥了作用。进入21世纪,随着乡村社会的变迁,党中央逐步认识到乡村在国家现代化进程中的独特作用,进而不断调整和创新党组织设置,加强基层党组织建设,将资源注入乡村社会,提升党在乡村社会的影响力,为社会主义新农村建设提供坚强的政治保障。当前,"乡村治理体系""乡村治理现代化"等概念多次出现于党的规章制度中,党中央更加强调基层党组织建设在乡村治理中的作用,明确基层党组织领导乡村治理的功能定位。

强调基层党组织领导核心地位,在于党组织是治理结构主体结构中的关键主体。基层党组织具有强大的组织动员能力,能够在当前利益诉求多样化的背景下,调动庞大的经济资源、社会资源,协调不同利益主体之间的矛盾。基层党组织具有强大的号召力,能通过价值理念的宣传实现多元主体的共建共治共享。当然,强调基层党组织在乡村治理中的领导核心作用并不意味着回到人民公社时期一元化的领导时期,也不是对其他社会组织的取而代之,而是在基层党组织的领导下,不同性质的治理主体发挥各自领域的优势共同参与乡村治理活动,发挥治理的协同效应。

(二)坚持人民主体地位,尊重农民首创精神

农民是乡村治理的主体,也是乡村治理的受益者。共产党领导乡村治理的演进历程始终坚持人民主体地位,依靠农民群众的积极参与和创造。邓小平同志曾指出:我们农村改革之所以见效,就是因为给农民更多的自主权,调动了农民的积极性。在乡村治理实践中,乡村治理以保障和改善民生为重点推进乡村经济社会发展。党组织在治理过程中坚持农民主体地位,将农民对美好生活的需要转化为乡村治理的动力,推动社会治理和服务重心下沉到基层,通过服务群众凝聚民心,并且倾听民意,充分尊重农民意愿,保持与乡村人民的血肉联系,不断厚植党领导乡村治理的群众基础。改革开放后家庭联产承包责任制有效激发了农民从事生产活动的主动性和积极性、参与基层民主政治生活的自主性,更加释放了乡村社会的内生动力,实现了国家与农民的双向良性互动。新时代,坚持农民主体地位,发挥农民首创精神依旧是基层党组织领导乡村治理的基本原则。

从"家庭联产承包责任制"的实施到社会主义新农村建设、从统筹城乡发展到城乡融合、从精准扶贫到乡村振兴战略的实施,每一项战略的提出和对乡村的发展规划都是以人民为中心,尊重农村生产生活实际。既有基层的大胆实践,也有党委的坚决支持。一些工作方法也由农民群众首创,在取得良好成效后赋予其合法性,由地区实践上升为国家制度得以推广,在实践中趋于完善。延安时期,党组织时刻关心农民群众的生活疾苦,深深扎根于乡村社会中,将群众路线融入陕甘宁边区的具体工作实践中,依靠农民群众的力量推动党的政策实施。例如,在陕甘宁边区开展的选举投票中,对于不识字的农民创新采取"投豆法"等方式参与投票,保证了所有具备选举条件的人能够全部参加选举,农民群众的意愿得到充分

第三章　乡村治理现代化的实践经验与异域借鉴

表达。20世纪60年代初,浙江省诸暨县(今诸暨市)枫桥镇干部群众创造的"枫桥经验"不仅成为当时各地效仿的模式,也是当前不断推广创新的模式。改革开放以来,家庭联产承包责任制的推广、广西河池市第一个村民委员会的建立、"莱西经验"等都凝聚着农民群众智慧,蕴含着国家发展力量。

(三)坚持按照公平原则进行利益分配

乡村治理在不同的发展阶段都有不同的治理主体。在乡村治理过程中,由于治理主体在治理能力等方面的差异,不同治理主体在治理过程中所承担的责任和获取利益内容上存在着不同。这就要求一个超越一般利益的治理主体对其他治理主体进行利益分配。因此,协同各治理主体之间的利益分配责任只能由基层党组织来承担,按照公平的原则合理进行利益分配,发挥各主体治理效能,使得乡村治理逐步形成以基层党组织为核心的多元治理主体协同共治的现代治理体制。中华人民共和国成立初期,为巩固新生的政权,开展土地革命、镇压反革命等一系列运动,为乡村创造了稳定的生产生活环境。但是,随之在人民公社化运动塑造的高度集中的一元治理模式下,农民参与生产生活的积极性被抑制。虽然通过国家强制力量介入乡村治理契合了当时国家工业化建设的需要,但是这种党政合一的治理模式使农村社会丧失了自我发展的功能,压制了农民的合理利益诉求。之后,农民开始从生产生活中进行自发探索,村民自治制度的建立使农村根据自身实际情况建立起自治组织以维护自身利益。作为村民自治的权力机关的村委会行使村民自治权,乡镇政府行使对社会的管理权,但是在现实中二者在行使权力中往往存在诸多利益的冲突。随着乡村经济的发展,乡村社会开始日益流动,利益主体多元化趋势不断增强,主体间利益冲突加剧。乡镇企业成为影响乡村治理的重要力量,在市场经济条件下大量农民离开乡村身份转变为农民工,导致农民在乡村治理主体中的缺位。党的十八大以来,各类社会资源纷纷下乡,大量资源汇集到农村,吸引了多元治理主体参与到乡村治理中。党的十九大报告要完善构建"共建共治共享"的社会治理格局,其中就包含了治理主体的多样性。为推进乡村治理体系和治理能力现代化,夯实乡村振兴基础,党中央对乡村治理提出了新的要求。2019年,党中央印发《关于加强和改进乡村治理的指导意见》,提出建立健全党委领导、政府负责、社会协同、公众参与、法治保障、科技支撑的现代乡村社会治理体制,更加要求基层党组织按照公平合理原则对其他治理主体进行利益整合和协调,乡镇政府在为其他治理主体利益分配创造秩序时也提高了政府公信力,实现协同治理最优化。

(四)坚持与时俱进,不断加强和创新乡村治理

中国共产党成立百年来的乡村治理实践历程充分表明,乡村治理的目标、方式并不是一成不变的,都会随着社会的发展而变化。随着时代的发展和社会矛盾的转化,乡村治理也在不断调整完善,在实践中不断发展和创新。每一次治理实践都是马克思主义基本原理与基本国情相结合的结果。在中国共产党成立初期,主要通过政权建设的方式进行乡村治理。随着中华人民共和国的成立,为恢复国民经济,巩固新生的国家政权,国家政权向基层下沉,围绕乡村治理采取的各项措施都是服务于国家现代化这一整体目标。改革开放以来,随着工作重心的转移,国家与乡村社会关系开始调整,逐步放活农村经济,建立村民委员会,实行村民自治。"乡政村治"的管理模式为乡村社会发展注入活力,对我国乡村治理产生了深远的影响。进入21世纪,乡村不再是实现现代化的手段,而是发展目标。国家全面着手农村经济社会发展考虑乡村治理问题,探索建立现代社会治理体制。党的十九大以来我国社会主要矛盾发生变化,针对出现的新情况新问题党中央适时提出乡村振兴战略,推动城乡融合发展,推进乡村改革和制度创新,鼓励扩大村民自治试点,强调公共资源在城乡间的均衡配置及生产要素在城乡间的自由流动。在全面建成小康社会的收官之年,党的十九届五中全会再次强调党组织的全面领导,提出"健全党组织领导的自治、法治、德治相结合的城乡基层治理体系",为新发展阶段推进乡村治理现代化提供了行动指南。

三、十八大以来乡村治理建设取得的成就和经验

党的十八大以来,以习近平同志为核心的党中央高度重视乡村治理,对乡村治理做出了一系列重大判断,提出了一系列重大战略,做出了一系列重大部署。习近平新时代中国特色社会主义思想科学地总结和继承了马克思列宁主义、毛泽东思想、邓小平理论、"三个代表"重要思想和科学发展观中关于乡村建设和治理的思想理念,立足现实国情和乡村发展实际,准确把握乡村社会变化特征,从如何进一步提升乡村治理体系和治理

第三章　乡村治理现代化的实践经验与异域借鉴

能力的这一主题出发进行了深刻阐释,形成了习近平新时代中国特色社会主义乡村治理思想。

（一）党对乡村治理的集中统一领导

习近平同志在党的十九大报告中指出:"党政军民学,东西南北中,党是领导一切的。"[①] 坚持党对乡村治理的集中统一领导思想,是对列宁同志关于党管农村工作思想的坚持和发展。

乡村工作是国家和社会中地位最基础最基层的工作,在乡村治理过程中坚持和加强党的集中统一领导意义尤其重大。只有切实提高新时代党全面领导农村工作的能力和水平,才能确保党的基本理论、基本路线、基本方略在乡村治理实践过程的顺利实施,确保党的各项政策不走行、不跑偏。

一方面,坚持党对农村工作的全面领导是党的农村工作的首要原则。中共中央 2019 年印发的《中国共产党农村工作条例》在党的农村工作必须遵循的原则中明确提出,要"坚持党对农村工作的全面领导,确保党在农村工作中总揽全局、协调各方,保证农村改革发展沿着正确的方向前进"。没有党对农村工作的全面领导,乡村治理的各项政策就无法深入落实到广大乡村的发展实践中去。

另一方面,夯实基层党组织在乡村治理中的领导核心作用是健全乡村治理领导体制机制的现实需要。中共中央在 2019 年印发的《关于加强和改进乡村治理的指导意见》中指出:"要建立以基层党组织为领导、村民自治组织和村务监督组织为基础、集体经济组织和农民合作组织为纽带、其他经济社会组织为补充的村级组织体系。村党组织全面领导村民委员会及村务监督委员会、村集体经济组织、农民合作组织和其他经济社会组织。

实践证明,只有充分发挥农村基层党组织在培育人才、乡风塑造、生态维护方面的主力军作用,才能确保乡村振兴战略稳步推进,确保乡村治理现代化水平不断提升,乡村社会充满活力、和谐有序、健康发展。

[①] 习近平.决胜全面建成小康社会　夺取新时代中国特色社会主义伟大胜利[M].北京：人民出版社，2017.

（二）自治、法治、德治相结合的"三治融合"

习近平同志在党的十九大报告中首次针对乡村治理要求"加强农村基层基础工作,健全自治、法治、德治相结合的乡村治理体系"[①]。健全自治、法治、德治"三治融合"思想,是对我党关于人民当家作主、依法治国和以德治国等理念在乡村得以贯彻和实践的重大举措,维护了乡村基层村民自我管理的民主权利,推进了乡村以法治村的进程,发扬了社会主义核心价值观在乡村的入脑入心,这是新时代实现乡村振兴战略的必然要求,有助于确保乡村社会充满活力、和谐有序。

深入学习和理解习近平同志关于乡村三治融合的思想,对于实现乡村善治和推动乡村治理现代化具有深刻的现实意义。乡村三治融合思想是一个互相支撑的整体。在乡村治理中实行村民自治,是我国民主政治在乡村治理领域的制度安排,是整个乡村治理体系的核心。没有自治,法治和德治就无从谈起。法治是健全乡村治理体系的应有之义。乡村治理中的村民自治,应该成为法治基础上的自治。自治需要法治来提供保障,成为自治的坚强后盾。只有法治到位,才能保障乡村社会的稳定,才能保障乡村治理主体充分发挥作用。德治是健全乡村治理体系的精神动力和智力支持,通过将德治融入自治和法治之中,可以树立道德规范和模范的作用,强化乡村社会底线,使自治更加顺畅,使法治更加有针对性,最终达到乡村治理成果事半功倍的效果。

（三）共治共建共享的乡村社会治理

习近平同志在党的十九大报告中提出要"打造共建共治共享的社会治理格局"[②]。从党的十七大和十八大报告中表述为"实现发展成果由人民共享",到十八届五中全会时调整为"构建全民共建共享的社会治理格局",再到党的十九大提出"打造共建共治共享的社会治理格局",这其中不仅体现了党和国家领导者关于社会治理理念的与时俱进,也体现了新时代广大人民群众对社会治理的新需求和新要求,是从根本上为乡村治理和乡村可持续发展指出的新型道路。

坚持以人民为中心,是打造新时代共建共治共享的乡村社会治理格

---

① 习近平. 决胜全面建成小康社会　夺取新时代中国特色社会主义伟大胜利[M]. 北京：人民出版社，2017.
② 同上.

局的价值取向。打造新时代共建共治共享的社会治理格局,必须坚持人民主体地位,坚持共建是基础,共治是关键,共享是根本。加强和创新乡村社会治理,要以共建共治共享为基本原则,从保障和改善民生做起,在体制机制、法律政策上系统谋划,作出更有效的制度安排将乡村治理的重心下移,将更多的政策、资源和人才向基层倾斜,使共建和共治充满活力。

扎实推进精准扶贫是实现乡村治理共治共建共享的有力支撑。习近平同志多次指出,"小康不小康,关键看老乡,关键的贫困的老乡能不能脱贫"。推行精准扶贫政策也体现了我党对乡村治理成果共享的高度重视,即始终坚持社会治理的成效由人民的实践来检验,以人民同意不同意、人民高兴不高兴、人民满意不满意作为一切工作的出发点和落脚点。

（四）乡村治理体系和治理能力现代化

习近平同志在党的十九大报告中指出:"要坚持农业农村优先发展,按照产业兴旺、生态宜居、乡风文明、治理有效、生活富裕的总要求,建立健全城乡融合发展体制机制和政策体系,加快推进农业农村现代化。"这对乡村治理提出了新要求。2018年中央一号文件首次明确提出要加快推进乡村治理体系和治理能力现代化,对新时代如何进行乡村治理指明了方向。

乡村治理是国家治理的有机组成部分,乡村治理现代化关系到国家治理现代化的目标实现。乡村治理现代化思想是以习近平同志为核心的党中央站在国家治理现代化的高度来推进乡村振兴的重要思想,是今后指导我国乡村治理工作的需要长期坚持的指导思想。要将治理体系和治理能力作为双引擎进行发力,一方面在实践和困难中不断完善治理体系,另一方面提升发挥体系作用的能力和增强治理本领的能力。加强和改进乡村治理不仅要调动人民群众的巨大潜能,强化乡村自我管理、自我服务和自我监督的能力,还要在组织、人才、资源和服务等方面加大支持力度,从而协同推进乡村治理现代化进程。

四、乡村治理现代化的几种做法

（一）加强基层党组织建设

基层党组织包括乡镇党委、村党支部,基层党组织的建设应该贯穿乡村治理始终。无论是在传统农村还是城市化发展较快的乡村,构建"三治融合"的乡村治理体系,都必须坚决维护基层党组织的领导核心地位。针对目前乡村党组织功能弱化这一实际问题,应从以下几个方面不断加强基层党组织建设。

第一,激发基层党组织活力。要求党支部书记能够立足乡村发展实际,整改基层党组织结构散乱情况,全面提升基层党组织在领导"三治融合"乡村治理体系构建方面的组织活力。第二,成立"三治融合"专项小组。以党支部书记为核心领导,选拔有能力的党组织成员共同组建,应做到分工明细。专项小组应紧密联系群众,多收集广大村民在"三治融合"方面的想法和意见。第三,发挥党员干部的先锋模范作用。基层党员干部要率先投入"三治融合"乡村治理工作中,以自身的行为引领广大群众参与治理活动,强化基层党组织与基层民众的密切联系,使"三治融合"的新型治理理念深入人心。第四,公开党务,规范党员行为。通过推行党员日常量化管理制度规范党员行为,建立并公布党建责任清单以加强党员的组织管理;落实群众参与监督党务制度,以推行党务阳光运作等措施完善基层党建工作。

(二)强化基层政府的服务职能

新时代,政府和社会的关系发生改变,政府不再是社会治理的唯一力量。习近平总书记强调政府治理和社会调节都是重要手段,社会治理的中心要从党中央向基层下移。利用社会资源,推进多元化主体参与,也并不意味着完全否定政府治理的基础性权力。在推进"三治融合"乡村治理过程中,基层政府逐渐从权力型政府向责任型政府转变,履行提供公共服务职能。强化基层政府的服务职能首先要依据法律法规,制定明确的权力范围,制定权力清单,把村委会从基层政府中彻底分离,防止基层政府"越位"同时保障不"缺位"。基层政府要为"三治融合"工作提供政策支持和实践指导,保障财力、物力、人力的投入。同时,应确保乡村自治运行不偏离法治轨道。

(三)培育基层组织的自主性

在广大农村地区存在着不同形式的基层自治组织,然而基层组织的自主性也出现了不同程度的缺失。在新的历史时期,培育基层组织的自主性成为促进乡村治理主体融合的重要任务。一方面,调整村委会的组织结构,规范民主选举模式,培养村委会成员的主体自觉,强化自治能力和水平。另一方面,丰富自治载体,建立多种形式的乡村管理组织。例如,浙江桐乡和陕西汉阴建立的红白理事会、老年服务团、农民工协会、农村合作经济组织等。通过多元组织帮助村委会了解民意,协助村委会开展相关工作,打造多主体合作共治的平台。

（四）促进乡贤精英等权威个体参与乡村治理

多元主体共同参与除了强化不同形式的组织外,还需要发挥权威型个人(如乡贤)的作用。乡贤精英具体是指在品德、智慧、才学上有一定建树,通常包括农村地区德高望重的长辈、学识渊博的青年等。在乡村治理过程中,乡贤精英充分发挥自身的道德影响力和治理能力,将基层政府和普通村民联系起来。构建"三治融合"乡村治理,不仅要发挥本土乡贤的道德约束作用,更要将外出乡贤、外来乡贤同时纳入乡村治理过程中,发挥乡贤精英在带动农村经济发展、维护社会秩序、表达村民诉求、弘扬优秀文化、培育文明乡风等方面的积极作用。

"三治融合"的推进需要协调和集聚乡村治理相关资源,推进多元主体共同参与,明确各参与主体在乡村发展和治理中的不同作用。总体来说,在构建"三治融合"乡村治理体系过程中要坚持基层党组织的领导,提高党员素质;转变基层政府职能,增强基层政府的服务意识;丰富自治形式,激发自治组织的活力;重视乡贤精英参与,发挥个体影响力。不同主体相互配合、协同发力,形成强大的治理合力,为建设美丽乡村和实现乡村振兴奠定良好的治理基础。

第三节 乡村治理现代化的异域借鉴

一、日本推动乡村治理现代化的经验

第二次世界大战后,日本加快推进工业化和城镇化进程,但城乡发展差距逐渐加大,乡村人口减少、产业萎缩等问题日益严峻。为了促进城乡均衡发展,日本以挖掘本地资源、尊重地方特色为发展理念,因地制宜地

利用乡村资源来发展和推动农村建设,最终实现了乡村的可持续性繁荣。

（一）实施"一村一品"农业特色发展模式

日本农业经营体系也是以小规模农业种植为主。"一村一品"就是指根据一定的区域布局、生产条件和规模经营的要求,因地制宜地发展独具特色的主导农业产品和产业,形成具有区域品牌优势的产业集群。

一是依靠特色资源发展本地优势产业。日本政府根据本国的地形特点、自然条件状况,培育了独具特色的水产品产业基地、香菇产业基地、水果产业基地、牛产业基地等,如大分县的柑橘"山魁"、旧大山町的"梅子蜜"等。

二是实行一次性深加工的策略提升农产品附加值。例如,日本的甜柿非常有名,其品种经过改良,口感非常好,同时保鲜期也较长。在日本静冈县、岐阜县等地,以柿子为主要原料或辅助材料开发的深加工产品以及衍生产品非常多,如风味柿果糕点、饮品、宴席、美容护肤产品、日用品等。

（二）依托"六次产业化"促进产业融合发展

2010年日本出台了《六次产业化法》,旨在鼓励农业生产向第二、第三产业延伸,促进产业融合发展。

一是将"地产地消"作为推进产业融合的基本方略。"地产地消"鼓励本地农产品本地消费,当本地农产品不能满足本地消费时再通过进口或者其他方式引入外地的农产品。"地产地消"有效地削减了物流等成本,培育了本地农产品品牌,为消费者提供了放心新鲜的农产品,也增加了本地就业。

二是强化本地土特产品的开发、生产和加工。"地产地消"的主要方式是开设农产品直销店。由于本地产品原料、生产和受众相对稳定,通常产量不大,企业会提前按照订单进行生产,再通过直销店、会员制邮购等方式进行销售,这种土特产品的价格也往往高于进口品。

三是充分发挥日本综合农协的作用。日本农协由中央农协联合会和地方都道府县农协联合会两层机构组成,农协积极帮助地区在农产品的生产、加工、流通和销售环节建立产业链条,促进产品的顺利交易。

第三章　乡村治理现代化的实践经验与异域借鉴

（三）重视乡村振兴的人才培养

日本高度重视乡村人才的培养和培育，因而为乡村发展提供了源源不断的人才支撑。

一是支持各种力量参与农村人才教育。日本通过利用全国各类的农业学校，有组织有计划地开设多种类型的培训班，针对不同的农业技术、商业开发等需求进行技能培训，不断拓宽农民的职业发展方向，实现农业农村人才知识技能的不断更新。

二是实施农村人才"领头羊"政策。日本充分意识到乡村顶尖人才对农业农村发展产生的巨大带动作用，因此不断加大对经营管理人才和科学技术人才的政策支持力度。各级政府都会定期举办各种研讨会、交流会等，促进高素质人才的交流与合作。

三是有效利用和充分发挥女性的力量。政府启动了"女子农业开发项目""女性农业经营者培养事业"等，实现对女性人力资源的合理开发利用。

（四）强化法律保障与财政支持

为了更加有效地促进乡村发展，日本政府构建了多样化的财政支持政策和广覆盖的、完备的法律法规体系。

一是出台了一系列形式多样的财政补贴政策。日本政府对农业的补贴力度非常大且形式多样，是公认的补贴型农业。例如，农产品加工流通销售补贴、针对贫困山区的直接补贴政策、针对环境友好型农业发展专门执行的现金补贴、土地整理费用和流转促进补贴等。

二是出台了完备的法律法规保障农业农村的全面发展。为深入推进土地制度改革，先后制定和修订了60余部农业土地利用的相关法律法规。通过《山村振兴法》（1965）、《粮食、农业、农村基本计划》（2010）、《六次产业化法》（2010）等一系列统领性政策以及各项细化政策的出台，确保了各项政策落地实施。

从日本乡村的治理架构和发展历程来看，日本乡村治理具有基层自治独立性强和城乡政策转换及时等特点；从乡村治理特色和经验上来，日本乡村治理具有注重乡村和农业同步发展、因地制宜和突出农协作用等特征。与我国乡村治理相比，日本乡村治理有很多先进的理念和做法值得我国借鉴。

第一，日本造村运动突出因地制宜的原则这方面值得我国学习和借鉴，尤其是在"一村一品"方面日本擅长结合乡村的实际进行环境规划、产业布局和文化传承。我国地域广阔，不同地区的乡村在经济、社会、文化以及生态等方面差异较大，与日本相比在乡村因地制宜治理方面还有较大差距，因此需要多研究学习日本乡村治理中具体问题具体分析的这种理念。

第二，日本在农协的运用和管理方面的经验值得我国研究。日本的乡村农协与我国的农民专业合作社非常相似，二者在促进乡村发展和增强农业生产力方面的目的是一致的，但又有明显区别。其中最明显的区别就是在吸收成员的范围和运行决策原则方面，只有农业生产者才有选举权和决策权，而其他个人或团体都不享有，中国的农民专业合作社中往往与农民有交易关系的龙头企业在合作社中持有较多的发言权，制度安排上损害了合作原则的实现，难以保障合作农民主人翁的利益和主体地位，相比之下日本农协的做法给我国农业合作提供了很大启发。

二、韩国推动乡村治理现代化的经验

（一）倡导农民精神及生活状态的改善

韩国的新村运动是在当时农民生活困窘、居住简陋、收入低微、精神萎靡的背景下兴起的。激发农民精神的和重塑生活的希望是当时该运动发起的重要起因。具体措施包括：一是大力实施国民精神启蒙教育。兴建了村民会馆，用来组织开展精神文化活动、实施普及教育活动、举办农业技术培训班和交流会等，激发农民参与农村建设的积极性。二是向农民无偿提供各种建筑物资材料。为了缩小城乡差距，韩国政府针对农村基础设施破旧的现状，大力改善基础设施条件，为农村建设免费提供水泥、钢筋等建筑材料，积极兴建公共道路、地下水管道、排污系统、河道桥梁、电网通信等，极大地改善了农村的生活和生产条件。

（二）调整产业结构、发展非农产业

在新村运动初期，韩国政府就非常重视农村多元化产业结构的发展。一是鼓励农业产业由单一种植向多元综合农业发展。鼓励不只是单

第三章　乡村治理现代化的实践经验与异域借鉴

纯地种植谷物、豆类等粮食作物,而且增种经济类作物,同时发展畜牧产业、种植果蔬花卉等,建设专业化农产品生产基地,提升村民的经济收入。

二是鼓励农业产业由单一的农业生产向加工、销售等第二、第三产业领域不断延伸。实施"新村工厂"计划,将原来小作坊式的农产品加工转换为具有品牌经营意识的集生产、加工、销售等为一体的综合经营。实施"农户副业企业"计划以及"农村工业园区"计划等,促使农工商企业联合起来共同开发农业产品,优化农业产业结构。新村运动的实施改变了韩国落后的农业国面貌,重新焕发了乡村的活力,实现了农业现代化的目标。

(三)强化农业扶持和技术创新政策

创新是农业可持续发展的动力源泉。韩国政府高度重视技术创新在农业生产中的重要作用。新村运动开展后,韩国在全国大范围推广"统一号"水稻高产新品种。此后,通过科学育苗育种,先后研发出西海稻、花珍稻等新品种。韩国政府规定水稻种子每四年更新一次,由专门的种子供给所负责繁育、生产和普及。

此外,有力的财政补贴和扶持政策也为农业生产保驾护航。主要的支持政策包括:针对大米生产的稻田直接收入支持机制、针对蔬菜价格的农渔产品价格稳定基金、针对减少化肥和农药使用导致作物减产带来收入损失的"环境友好型"农业补贴等。这些措施对稳定韩国农业生产、提高农民收入起到了积极作用。

从韩国乡村治理概况来看,韩国的行政体系和乡村治理结构与我国相似,因此相对来讲更具有比较性和借鉴性。根据韩国地方政府对乡村治理的全面负责制来讲,韩国更好地实现了治理权和治理资源重心的下移;从韩国的治理特色即新村运动实施的角度来说,其乡村治理主要呈现了政府主导、注重差异、重视教育和强化激励等特点。

从借鉴的角度,首先,我国应该在治理资源下移方面做更多的尝试。治理资源下移是我国十八大以来乡村治理的一个重要特征,如增加在乡村地区的投入力度,以及在广大从村地区选派驻村第一书记等,取得了一定的效果。同时我们可以吸收借鉴韩国关于治理资源下移的具体做法,在提高基层政府的在乡村治理方面的权限等方面做出更大的探索。其次,在政府主导的前提下,注重乡村的差异,尤其是尊重不同乡村的风俗和习惯,制定灵活的政策。我国的政策倾在很多情况下倾向于实行全国统一的无差异化政策,这里可以参考韩国乡村治理经验进行更多的个性化的政策研究与实施。最后,我国要实现乡村治理有效,必须借鉴韩国强化教育投入的做法,只有提高村民的整体综合素质,才能源源不断地为乡村治理提供智力支持。

三、美国推动乡村治理现代化的经验

美国是全球农业大国,也是世界上城市化水平最高的国家。20世纪60年代,由于高度城镇化带来的一系列城市问题更加突出,促使美国政府进行反思,并采取了一系列针对城镇建设、农业发展的多元融合政策体系等推动城乡一体化,进而带动农业农村社会的发展。

(一)建设宜居宜业的小城镇

美国政府充分意识到大中小城镇的均衡发展是城乡一体发展的关键。在城镇化进程中,通过整体统筹区域资源、生态环境、重大项目布局,着力打造"大都市—中心城市—小城市—中心城镇"四级城镇体系,充分发挥中心城镇对广大农村地区的辐射带动作用。

一是推行"示范城市"试验计划。20世纪60年代实施的该项计划旨在通过对大城市的人口分流来推进中小城镇的发展。在小城镇的建设上,将个性化特征和公共服务功能结合起来,强调生活宜居和休闲旅游等多重目标的合一,促进城乡均衡发展。

二是加大对农村社区基础设施建设投资。为保证农村社区能够持久繁荣发展,美国公用事业服务部门不断加大对公路建设的投资力度,同时为农村地区提供水、电、气、信息等关键基础设施的投资。

三是优先支持贫困地区农村社区。相继出台了"奋斗力量倡议"项目、融资贷款项目等,支持农村地区经济发展。

(二)重视农业科技的研究和推广

科技创新是核心的生产力。美国政府一直高度重视农业的科技研发和技术推广。

一是高度重视农业教学和科学研究。《莫里尔法案》出台后,明确规定出让土地的费用必须用来设立从事农业和机械教育的赠地学院,康奈

尔大学、加州大学等均是由此发展而来。这些学院在农业科技成果的研发和技术人才的培养上发挥了重要作用。同时，美国还拥有农业研究局、孟山都、杜邦先锋、陶氏益农等诸多企业及政府研究机构。

二是注重产学研用的转化利用，搭建了有效的农科推广体系。1862年通过的《赠地学院法案》，明确规定出让土地的费用必须用来设立包含农业和机械课程在内的州立学院。赠地学院主要负责农业科技的基础研究，政府层面国家粮食和农业研究所以及各州的农业试验站负责研究成果的具体推广工作。通过政府与公司研究机构间的联合研发、专利授权或转让等方式，有效地降低了研发成本，加速了科研成果的转化进程。

（三）搭建农工商一体化产业链条

美国的农业生产是在高度专业化的基础上建立起来的以生产为中心，加工、销售、经营全链条一体化的生产经营体系。美国把合作组织作为农村经济发展的关键组成部分，合作社是农户和市场沟通的重要渠道。

一是促进农业产业链纵向横向融合。农业合作社通过提供销售和加工服务、供应服务、信贷服务等，搭建了完整的产业链条，降低了生产成本。同时，农业合作社、农业综合企业等的联合也加速了第一、第二、第三产业之间的融合，生物农业、数字农业、旅游农业也迅速兴起。

二是依托服务组织实施农业政策。农业合作组织能以较低成本向农民和农村居民提供农业产业项目，提高发展滞后社区获得项目的机会，如初期农牧场主发展项目，优先支持由社区合作组织为农牧场主提供培训、教育、推广和技术援助服务。

（四）构建多元融合的政策体系

长期以来，美国农业的发展很大程度上得益于完备的农业发展法律法规和政策支持体系。但当前，美国的农业农村政策关注点已由单纯的农业产业向农村居住社区、农村综合经济等更加多元融合的问题转变。

一是更加注重提高农业和农产品的市场竞争力。美国取消了传统的价格和直接补贴政策，通过价格损失补贴、农业风险补偿等创新形式应对因市场风险而受到的损失。

二是大幅提高农业保险保障水平。美国建立了覆盖面广、赔付率高的农业保险制度，为农业生产保驾护航。

三是充分重视中小农场和农村小企业的发展。美国农业部实施的中小学校食品营养餐计划,优先向中小生产者采购农产品。同时,对创业期农牧场主给予贷款支持,帮助他们获取土地和资本、开展生产经营。

四是实施环境保护与农业支持相结合的政策。通过成立区域气候中心,为农牧民提供应对气候变化的即时信息、预测评估、应对预案、改善措施等,帮助生产者积极预防水土流失及自然灾害。

虽然美国乡村的资源禀赋和发展现状与我国有很大差异,但其治理经验对我国推进乡村振兴战略和实现农业农村现代化仍然有很好的借鉴意义。首先,美国专业化的治理机构启示中国有必要成立专门负责乡村振兴的政府机构,统筹规划和推进乡村振兴战略,集中力量解决乡村治理中面临的问题。例如,在2018年3月,我国撤销农业部,正式组建农业农村部,其职能包括统筹研究和组织实施"三农"工作战略、规划和政策,这一举措正是完善乡村发展政策框架和制度的有力举措,有利于进一步完善乡村治理体系和治理体制机制,增加对农业农村的投入力度。其次,美国特色小城镇建设带动城乡一体化发展值得中国借鉴,尤其是美国乡村小城镇所具有的独立的税收和财政权。中国乡村众多并且发展潜力巨大,通过赋予独立的税收和财政支配权调动乡村的积极性可以刺激乡村发展的内生动力,促进乡村结合自身特色,引进社会力量促进乡村经济、社会和文化发展。当然,这种借鉴与坚持党对乡村工作的绝对领导并不冲突,相反,提高党对乡村工作的领导和服务水平有利于推进这种模式的尝试和开展。

四、国际经验对我国乡村治理现代化的启示

通过总结和探讨日本、韩国、美国等国家的乡村治理的主要做法和成功经验不难发现,乡村治理既有本身需要遵循的基本规律,也要充分发挥创新思维的作用。综合来看,各国在乡村地区有着不同的政党、政权、经济和民间社团组织形式,为我国乡村治理现代化提供了有益借鉴,主要有五方面启示。

(一)确保城乡均衡发展

城乡之间的非均衡发展会自然导致城乡走向两极,一方过度繁荣产生新问题,一方过度衰败和萧条。从西方国家城乡发展的轨迹可以看出,

第三章　乡村治理现代化的实践经验与异域借鉴

城乡具有一定的自动均衡规律,具体可以描述为:在一个国家城市化早期,人口的流动主要是由乡村向城市流动,且这种流动是单向的;当城市化达到一定的程度后,开始出现郊区化,即所谓的逆城市化的倾向。随着越来越多的人聚集在郊区,郊区就开始出现城市的特征,原本的城市与郊区会渐渐融为一体,大都市化便随即到来,城乡之间的人口流动开始不易被察觉,从而进入一个新的阶段,即动态平衡阶段。动态平衡主要是指"整体上城乡人口是稳定的,但事实上城乡之间还存在双向人口流动,只是这时双向流动的人口互相抵消,实现了均衡"。总体上来讲,实现城乡人口流动自动均衡和促进城乡均衡发展有一个重要前提就是城乡一治,即乡村与城市在法律地位、居民政治权利和治理模式等方面保持大体一致。

以美国为代表的西方国家实行城乡一治,成为保持城乡均衡发展的一项卓有成效的措施,极大地缩小了城乡之间的差距。美国政府通过在乡村地区发展小城镇,以点带面,整合了城乡资源,实现了城乡联动发展。虽然城乡一治在我国不具有普遍性,但是我国可以借鉴其中的一些好的理念和方式。一方面,通过城乡一治,提高乡村地区在整个国家治理体系中的地位,简化行政层级,可以使中央政府或省政府对乡村的补贴中减少中间环节,使乡村自治更少地受到上级政府的某些不正当干预,使村民真正受益;另一方面,我国现实中一般是乡政府的财权由县管,农村的财权乡政府管,乡村两级缺少实质性的独立财政,同时,我国乡村没有向美国乡村基层政府发行地方债券的权力,导致我国乡村财力不足,成为制约乡村治理成效的重要因素之一。通过城乡均衡发展,赋予乡村政府更多的财政权,可以成为我国解决乡村基层政权经济困境进而推进乡村治理现代化的选项之一。

(二)充分发挥政府的主导作用

通过仔细研究三个国家乡村治理的主要做法,尤其是关于乡村治理现代化的历程,可以得出一个明显的结论,即政府在其中扮演着重要角色并起到了主导推动作用。政府的主导作用体现在乡村治理的各个方面,主要体现在乡村规划的制定、对治理体制机制的建设和对乡村法治化的推进,这对于乡村治理科学化、制度化和法治化有着不可替代的功能。

首先,政府在乡村建设的规划方面发挥主导作用。例如,韩国的新村运动,从实施之初政府就高度重视乡村的合理规划,乡村治理做到了规划先行,为新村运动的不同历史的任务目标做好科学可行的规划方案,为新村运动的实施提供了科学依据和指导,为保障不同乡村因地制宜发挥特色优势提供了依据,使治理水平更加科学化。

其次,政府在推进乡村治理体制机制建设方面发挥主导作用。例如,美国为确保乡村发展政策的顺利实施,专门成立乡村发展署用以替代原有的农业研究和商业中心开展乡村治理相关工作;又如,韩国为了支持新村运动,政府成立了新村运动特别委员会以及覆盖全国的地方机构,专门领导全国乡村的新村运动,保障整个乡村治理体系的制度化和高效运行。

最后,政府在乡村法治建设方面发挥主导作用。例如,美国政府尤其重视完善乡村法律体系和规章制度来解决乡村的深层次问题,日本也注重通过完善《农业基本法》和《山区振兴法》等来促进乡村地区的发展,我国也应该通过法治手段促进乡村治理的发展,使我国乡村治理由传统的行政推动为主向法治化过渡。

（三）保障治理主体的社会化参与

如果没有社会化参与,不发挥社会组织的作用和引入社会资本,乡村治理现代化就会成为空谈。农村老龄化、空心化、家庭离散化的发展趋势,并没有从根本上发生改变。村庄人去地荒,乡村失去了生机这种现象也是普遍存在的,这给建立现代农村治理体系带来了不小的挑战和难度。在这种挑战下,如果单独依靠基层政府和农民的力量进行乡村治理,在没有广泛社会组织参与的情况下,乡村治理很难形成合力和取得实质进展。

日本和韩国在乡村治理的实践中,同样曾经面临这样的问题,两国的做法启示我国必须保障治理主体的社会化参与必须不断加强,因为农村多元化社会组织能否在乡村治理当中的乡村经济、社会事物中发挥调解、沟通、协调作用非常重要。在日本,农协建立了全国规模的服务体系,在农业农村现代化以及保护农民权益方面发挥的作用更加明显,同时日本农协得益于其在全国范围内三层管理体制的健全,有力地促进了先进科技、工业生产、农业知识和现代管理经验在日本乡村地区的推广和普及。而韩国在新村运动中,也成立了农协组织。这些农协互联互通形成合力,成为以农业、农村和农民为主要服务对象的综合社会力量,与政府、农民共同参与乡村社会治理,向农民提供生产资料购买和技术经营等指导。因此,不论是日本还是韩国,以农协为代表的社会组织发挥了政府无法发挥的作用。

从它们的经验来看,要想更好地实现乡村治理现代化,推动社会化治

第三章　乡村治理现代化的实践经验与异域借鉴

理成为必由之路。因此,对于乡村治理中的社会组织而言,今后需要努力的方向除了增加数量外,更多的是要进一步提高质量,同时给予社会组织更高的地位,这样才能够引起乡村居民的重视,进而增加他们的参与度。客观来讲,当前社会组织在乡村地区还面临很多问题,诸如规模不够、规范程度低、人员配备不齐全等,但解决这些问题最核心的是村两委和村民在这方面的理念和意识,必须突破制约乡村发展的"一亩三分地"的传统思想,只有通过社会组织的力量让乡村资源与周边甚至外部市场充分互动起来,乡村发展的束缚才有可能被解开,才会实现乡村的跨越式发展。

(四)强调道德和文化在乡村治理中的作用

从韩国的乡村治理现代化经验可以看出,要倡导农民精神生活的改善,这启示我们从道德与文化层面实现乡村治理现代化,就是所谓的"德治"。德治培育人、塑造人,具有更基本、更深沉、更持久的内在影响力,理当在新时代乡村振兴之乡村治理有效、乡风文明领域"异军突起",彰显其独特的价值示范与方向引领作用,呈现明显别于自治、法治的新时代合格村民之培育、文明乡村之塑造效应。

首先,将社会主义核心价值观作为统领乡村德治的总要求。"富强、民主、文明、和谐"折射于乡村振兴之上,就是建设产业兴旺、生活富裕,资源节约、环境友好,生态宜居、人与自然和谐发展之新时代乡村;"自由、平等、公正、法治",意指乡村振兴除了物质文明建设之外,也应该着力构建人与人之间诚信友爱、平等互利、守望相助、公平正义的人际关系,实现乡村社会的"各美其美、美人之美、美美与共";"爱国、敬业、诚信、友善",着重要求培育有大格局、大境界、大修养、大胸襟的中国特色社会主义乡村民众,做到既能够"修身""齐家",又"位卑未敢忘忧国""处江湖之远则忧其君"。

由此完全可以说,以德治村,这个"德"就是经过对中华优秀传统道德文化进行创造性转化、创新性发展之后,并有机结合了我们党的革命文化与社会主义先进文化,最终形成今天我们耳熟能详的社会主义核心价值观。推行乡村德治,要求将培植、践行社会主义核心价值观作为总要求,一以贯之、绵绵用力、持之以恒、久久为功。

其次,抓住"关键少数",重视发挥乡村干部在实现乡村治理有效、乡风文明中的带头、示范作用。近几年随着村民群众文化水平提高,尤其民主法治意识的提升,经由"海选""直选"脱颖而出的乡村干部,刚开始还是基本上令大多数村民群众满意、得到了他们普遍一致的认可与拥戴。其内在本质必然地包括这些乡村干部的道德素质、道德修养与道德情怀。但也要看到,"时位之移人也",今天一些乡村干部动辄贪污、挪用、私分公款成百上千万,说明彼时的信任不能代替日后的监督,要求奉行"严管就是厚爱"的理念和原则,在其履职尽责过程中继续加大监督的力度,以严格严厉严密的监督倒逼其战战兢兢、如临深渊、如履薄冰,时刻注意自己的言行举止,事事注重自己的特殊身份,确保"从心所欲不逾矩"。[①]

村比村、户比户,群众看党员、党员看干部。德治的是否有效,正在于能否有效抓住乡村干部,看他们在日常的乡村生活工作中能否力戒"勿以善小而不为,勿以恶小而为之",除了为村民群众办实事、做好事之外,更"打铁必须自身硬",清清白白、堂堂正正,一身正气、两袖清风。唯有乡村干部严以修身、严以用权、严以律己,敢于、甘于成为乡村德治的道德模范,德治也才有了可知可感、解手可及的风向标与参照模板。

最后,以德治村,重在由村及户,通过打造一个个文明示范家庭、道德模范家庭,以形成良好家风,从微观基础烘托乡村德治的"苟日新,日日新,又日新"之不断递进、日渐嬗变的浓厚氛围。一方面,在继续推动争创十星级文明户、争做新时代合格乡村村民的基础上,要有意识地增加道德方面的考评权重,使文明户、文明村民的评选更上一层楼,更加突出平时的道德行为表现,更进一步提升乡村道德建设的层级层次。要定期、不定期举办如稻场文娱晚会、主题演讲比赛等村民群众广泛参与的集体活动,通过将约定俗成、合乎公序良俗等的道德修养、道德规范、道德底线植入其中,于无声处培养村民群众的自我道德感、道德自律意识、道德行为价值取向。另一方面,将乡贤的作用发挥出来,通过乡贤的言传身教、以身说法,尤其有针对性地开展精准帮教、精细思想政治工作,使遗忘在乡村的优秀传统道德文化、漠视在村民脑海里的"温良恭俭让""仁义礼智信"等原生态纯朴礼节习俗,乘着新时代乡村振兴的东风,纷纷激活,统统复兴。

此外,伴随乡村振兴战略成为新时代我们党全面建成农村小康社会、实现农业农村农民现代化的总抓手,也须有序引导、鼓励和支持有关社会组织与志愿者团体,适时将关注的重心倾斜到推动乡村德治的方面来,通过他们的系统化布局、专门化服务、专业化操作,助力乡村德治日上新台阶,呈现新面貌。

---

① 赵先超,周跃云.乡村治理与乡村建设[M].北京:中国建材工业出版社,2019.

第三章　乡村治理现代化的实践经验与异域借鉴

概而言之,乡村振兴实现治理有效、乡风文明,自治是基础,法治是底线,德治是引领。只有切实认识到德治对接着农业农村农民的现代化,更加有利于社会主义新农村建设,有利于新时代语境下的合格村民培养,有利于乡村社会长治久安,有利于巩固党在农村执政的基层基础,将德治提早安排、先行一步,高标准要求、从源头上规划,才能"待到山花烂漫时,她在丛中笑",让乡村振兴达至乡风文明、家风醇厚、民风淳朴,打造梦想中的"桃花源"。

(五)依靠科技赋能乡村治理现代化

韩国、美国等国家提出要从科技层面推进乡村治理现代化,强化农业扶持与技术创新。科学技术与乡村治理的交叉融合,不断孕育新的治理形态,催生新的治理手段,创新人的治理理念,引领治理方式的变革,在推进"三农"现代化,实现乡村有效治理,推动数字乡村建设发展等方面具有不可替代的重要作用。科技创新赋能乡村治理现代化的进程是一项涉及乡村科技资源配置、制度保障、主体能力建设等的综合性系统性工程,要充分发挥科技创新对乡村治理现代化的赋能效应,就要不断优化乡村科技资源配置,加强乡村科技软硬件设施建设,不断优化乡村治理制度供给,强化科技赋能乡村治理的制度保障,不断优化乡村治理主体结构,加强治理主体的治理能力现代化建设,多措并举形成科技创新赋能乡村治理现代化的强大合力。

第四章 推进乡村治理现代化的基本路径

　　党的十八大明确要深化乡镇行政体制改革,要通过改革使乡镇与村级组织的权力授予方式二者保持一致,逐渐在乡村形成一个相互支持的权力制度体系,理顺乡镇政府与村党支部、村委会关系,为共建共治共享的民主参与式乡村治理的自我强化创造良好制度条件。新制度经济学认为,制度变迁以初始制度选择为起点,以制度的报酬递增为自我强化基础。因此,对影响乡村治理的初始制度条件进行创新,使受益主体覆盖面扩大并促使其报酬递增,应成为解决当前乡村治理的关键措施。

第四章　推进乡村治理现代化的基本路径

第一节　加强党在乡村治理中的领导

《关于加强和改进乡村治理的指导意见》明确指出，要"建立以基层党组织为领导、村民自治组织和村务监督组织为基础、集体经济组织和农民合作组织为纽带、其他经济社会组织为补充的村级组织体系"，发挥群众参与治理主体作用。

乡村基层党组织包括乡镇党委和行政村党组织。乡村振兴战略提出以来，党和国家持续强化乡村基层党组织在乡村治理中的领导核心地位。2018中央一号文件中，在例行部署新一年的农业农村工作之前，首先强调了党领导农业农村工作全局；随后出台的《中国共产党乡村工作条例》根据农业乡村发展新形势，对党管乡村提出了新要求、新任务。《乡村振兴战略规划(2018—2022年)》将加强乡村基层党组织对乡村振兴的全面领导作为乡村治理的首要任务做了具体部署。在乡村治理主体中，乡村基层党组织是党加强改进乡村政治生态建设，密切联系广大人民群众，维护乡村社会和谐稳定，带领人民群众实现乡村振兴战略目标的排头兵，必须充分发挥战斗堡垒作用，为推进乡村治理现代化、实现乡村振兴战略目标提供坚强政治和组织保障。要把乡村振兴与基层组织建设紧密结合，更好地发挥基层党组织的战斗堡垒作用和党员干部的先锋模范作用，以党建引领群众发展富民产业、提升公共服务，建设基础设施，推动乡村振兴。

乡镇政府是国家在乡村地区的政权机构，在整个乡村治理体系中起主导作用。学界普遍认同以"乡政村治"来概括1983年政社分开、乡镇政府设立之后的乡村治理关系。作为国家权力的延伸末端，乡镇政府贯彻执行党和国家，以及本级人民代表大会的意志和决定；作为人民的政府，乡镇政府通过展开各类乡村工作，服务农民，服务乡村社会，反映和解决广大农民利益关切，从而促进乡村经济发展和维护乡村和谐稳定。然而，乡镇党政机构长期存在职能交叉、分工不明、执法不规范等现象。乡村振兴战略提出以来，中央将巩固基层政权作为乡村治理重点任务，不断加强基层管理体制和干部队伍建设，以发挥乡村治理实效。

村民自治组织在传统乡村治理中有着深厚的社会基础。部分乡村精英往往被村民推选或主动担当乡村内部事务的代理人，拥有对村庄公共事务的实际处置权或建议权,以自我管理、自我服务的形式维持着熟人社会内部稳定性,保证了治理过程的精简化和治理成本可控。相比较其他的治理主体,村民自治组织最直接地深入到乡村群众之中,负责沟通各类乡村治理主体,整合各类乡村治理资源,协调和解决村民利益诉求,争取和维护村民合法权益。村民自治组织的政治地位和法律地位保障着它在促进乡村经济社会发展和推进乡村治理民主化中发挥基础性作用。

乡村各类经济组织、社会组织、群团组织是以村民为主体,按照法律法规和自定章程开展特定乡村公共活动的组织,主要包括乡镇和村的集体经济合作社、村民理事会、村级妇女联合会等。中国各地的乡村社会差异巨大,不同乡村的社会发展程度、公共服务供给能力各不相同,但在乡村治理体系中,乡村各类经济组织、社会组织、群团组织作为来自民间土生土长的组织化力量,在服务广大乡村群众、维护乡村安定和谐中发挥补充性作用。

乡村居民不仅是乡村治理的对象,还是乡村治理体系中最广泛的主体力量,活跃在乡村治理各类主体中和治理的全过程中。乡村居民的治理参与是村民自治有效实现的基本前提。乡村居民参与乡村治理的途径、程度、思想意识以及能力表现,均为衡量乡村治理民主化、公开化、科学化的关键指标。因此,只有不断提升乡村居民思想认识,保证广大村民参与乡村公共事务权利,才能促进乡村治理有效实现和持续推进。

村民自治是在党的领导下,在乡镇人民政府指导下,村里的干部由村民自己来选,村里的事务由村民自己来管,村里的财务由村民自己来理,村里的事由村民自己来办,就是全面推进本村的民主选举、民主决策、民主监督和民主管理,使广大农民真正当家作主。实行村民自治必须坚持党的领导,必须坚持依法办事。

在新的历史背景下,乡村治理的实施者是"多元主体"。从协同理论角度讲,"多元主体"符合子系统分散和多元化的原则。从政策角度讲,随着全面推进乡村振兴的深入实施,为"多元主体"参与乡村治理提供了广阔空间和契机。例如,政府要适当地下放权力,积极培育自治组织,大力支持社会组织共同参与乡村治理,尤其是鼓励营利性与非营利性组织参与乡村的公共服务供给,从而为提高治理水平提供内驱力。基于此,乡村多元主体协同治理的发展模式便可以确定为行政权与自治权的上下勾连和相互协作。

第四章　推进乡村治理现代化的基本路径

一、乡村协同治理多元主体

（一）党组织

党组织在多元主体协同治理过程中发挥着总揽全局的作用。《中共中央、国务院关于加强基层治理体系和治理能力现代化建设的意见》明确提出，要"完善党建引领的社会参与制度，积极培育扶持基层公益型、服务型和互助型社会组织"。在新时代背景和"多元主体"治理趋势下，利益和矛盾的多元化也相继产生，从而对党组织提出了更高的要求，从治理的各个方面做好统领。党组织要积极贯彻党和国家的大政方针，尤其要正确解读"中央一号文件"的精神。对此，基层党员和干部要不断提高认知水平，调整理论知识架构，在理论方向上与党政方针保持一致。同时，随着互联网技术发展，丰富多样的官方自媒体为传递信息提供了更为便捷的途径。坚持党组织的统领地位，就是要在方向上保证乡村多元主体治理的正确性，是宏观政策和政治意识的领导。从这个角度讲，党组织要不断组织党员干部主动下沉基层，充分发挥党员的先锋模范作用，积极领导、筹建乡村公益性和互助性组织，带动更多主体参与到乡村治理中去。在具体的治理过程中，党组织应该充分发挥以下职能。[①]

第一，政治领导职能。我国基层党组织是基层建设的核心力量，乡村作为基层社会的重要治理平台，其健康、有序发展离不开党组织的政治领导。在乡村多元主体治理系统中，党组织依托自身强大的政治资源，对治理总体发展方向进行宏观把握，确保正确的方针、路线、政策贯彻和执行，保障其他主体有序参与。

第二，价值导向职能。基层党组织核心治理能力的表现不仅表现在法律赋予其政治领导能力，也强调党员先锋模范作用塑造的文化价值引领，帮助形成良好的价值认同，倒逼乡村治理方向的转变。

（二）行政系统

政府组织要充分调动其他主体治理的积极性和参与性，形成上下同

[①] 黄文君.乡村振兴战略下村党组织领导乡村治理机制研究[D].华南理工大学，2018.

心、相互协作的治理新态势。

首先,县级以上政府发挥政策主导作用。省、市、县各级政府及相关职能机构在政策、资金、监督和治理规划方面发挥着主导作用;中央政府关于"三农"问题的政策则为乡村治理提供了优质的政策环境。例如,全面推进乡村振兴战略,从治理方向和治理内容上为乡村治理提供了政策支撑,"政策倾斜是区域差距缩小的关键,是欠发达地区前期开发的普遍规律"。

其次,将乡镇政府作为乡村治理的主导部门。我国在相关的法律法规中明确规定,乡、镇政府对委员会的工作具要进行指导、支持和帮助,但是不能干预属于村民自治范围内的内容。从践行自治的角度讲,乡镇政府在乡村治理中的职能定位是指导和监督。因此,在多元主体协同治理背景下,乡镇政府和自治组织要避免出现"领导"与"被领导"的关系。乡镇政府要充当好公共服务提供者的角色,在管理和监督职能方面正确定位。例如,地域性决定了产业的特殊性,乡镇政府的农业部门要根据产业优势和农民需求,积极推广宣传农产品技术信息,并优化招商环境,大力支持营利性和非营利性组织参与治理。在监督方面,乡镇政府要合理指导民宿和农家乐价格定位,规避恶性竞争。当前,公民社会具有明显的政府主导性,民间组织的能力和作用在公共事业管理过程中表现不明显。基于此,传统的全能型政府要转变为协调型政府,逐步让权力下沉到基层,重点在政策、制度、公共产品和服务、监督上发挥主导作用。

(三)社会系统

社会系统主要以非营利性的组织为主体,是以乡村的地域性为前提,以村民为主要成员成立或参加,以满足村民需求为目的的志愿性组织。因此,社会系统主要指为追求共同利益,主要由村民组成的社会公益组织。从内部视角看,社会组织主要是村民自发组织构建,在内部开展为民服务的各项活动,包括一些慈善活动、邻里互助活动、文化娱乐活动、农业生活技术互帮互助互动等。从外部角度看,以社会资源量为主体的社会组织在统筹社会力量方面发挥着重要作用,应当继续加大资金投入,完善人才引进制度,完善税收优惠制度,积极开展相关培训,培养更多专业的人才,不断壮大社会组织力量,为村民提供更加优质、多元的服务内容,促进形成和睦良好的生存环境。

具体来看,主要有以下内容:

第一,组织村民有序参与治理。社会组织要充分发挥平台优势,促进村民有序参与、积极合作。其中,共同的价值利益是社会组织建立的基础,因而在协商决策和运作机制上具有独特的组织优势。

第二,联结村民精神的纽带。村民的凝聚力是软实力的表现。从功能方面讲,社会组织包括提供公益服务、帮助特殊群体、文体互动等多种组织形式,有利于多元主体的互动,有助于培养村民的归属感。

第三,推动综合发展。社会系统是政府重点扶植和主动培育的产物,具有灵活性和专业性的优势,积极协调辅助政府开展多元社会活动,丰富村民精神文化生活,为事务治理和完善贡献了重要力量。

(四)自治系统

自治系统是多元主体协同治理系统中的主要力量。自治系统包括村民委员会和村民。其中,村民委员会通过民主选举、民主决策、民主监督和民主管理实现自治;村民是治理的主要力量,需要承担越来越多的公共责任。

第一,支持公共事务。作为乡村发展的中坚,村民委员会的首要任务是宣传宏观政策、执行公共事务,但并不意味着转变性质。在自治系统内,村民委员会和村民要相互协商,立足村民需求,争取实现公共产品和服务人性化。

第二,表达基层民意。村民委员会代表村民利益,是治理的落脚点。村民通过自治平台表达诉求,体现参与意识,影响事务的决定。从某种程度上讲,自治组织是政府与村民沟通的重要桥梁。

第三,监督治理。在乡村多元主体协同治理中,各系统的利益诉求点不同,分歧不可避免,这就需要寻求共同的利益基础,而村民委员会的桥梁作用则为不同主体之间的价值取向提供了平衡标准。因此,自治系统可以监督其他系统内组织在治理中的表现,并提出合理化建议。

第四,村民是自治系统的主力军,也是治理成果的最大受益者。因此,提高村民参与治理的积极性,丰富村民参与治理的方式,是提升治理水平的应有之义。当然,乡村精英也是自治系统不可或缺的一部分。例如,科技精英对特色农产品的技术支持和网络化运营渠道的拓展,德高望重者在调动村民参与意识上的口碑影响等。从整体上讲,乡村主体治理正从单一主体向多元主体转变、从静态治理向动态治理转变。因此,如何运用协同机制整合多元主体治理,如何发挥各主体的优势,最终提高治理水平是当前乡村治理面临的最主要问题。

二、乡村治理多元主体之间的关系

在治理实践过程中,多元主体之间的协同关系是治理效能高低的关键。通过协商生发出共同愿景,从而形成协同治理的正效应。因此,理顺多元主体之间的关系,既是协同理论的根本要义,也是协同治理的突破口。鉴于多元主体在利益诉求和社会资源等方面的差异性和复杂性,本书从指导与辅助的关系、协调与契约的关系方面进行研究和说明。

党组织为社会系统提供政治方向和政策导向。利用基层党组织的社会渗透力,通过政策指导,保障合理有效的政治效应。例如,以村民为主体的公益性志愿组织,自身具有强大的渗透力,是村民在共同价值基础上参与治理的有效方式,而基层党组织在方向和思想上的价值统领、渗透和指导作用,将会极大推动社会组织参与治理的积极性。当然,坚持基层党组织的领导并非要干涉乡村自治,而是在方向上保证自主管理公共事务的正确性。因此,党组织领导是宏观层面的领导,是带着政策上的坚定政治意识参与乡村治理,是多元主体治理的方向保障。从这个层面讲,基层党组织要不断组织干部党员下沉基层,充分发挥党员先锋模范作用,把筹建公益性和互助性组织有效落实,从而带动更多主体参与到乡村治理中。

从指导与辅助的关系方面来看,行政系统对社会系统、市场系统和自治系统是指导而非强制命令。宏观管理是乡镇政府的主要职能,要规避传统治理模式中的权力僭越行为,立足于提供公共产品与服务,发挥行政资源优势,为社会组织、市场组织和自治组织提供公平的发展环境和治理环境。例如,作为村民利益的代言人,村民委员会在乡镇政府的指导下开展自治,既要享受政府提供的政策、资金支持,又要积极辅助乡镇政府的相关工作,形成彼此信任和资源共享的治理态势。因此,行政系统与自治系统的关系应转变为指导与辅助关系,各主体以平等身份参与到治理系统中去,从而发挥协同治理的合力。

从协调与契约的关系来看,党组织在乡村治理中重点发挥的是宏观导向作用,该作用的实现是通过对各部分主体整合协调的方式来完成的,这种协调性主要体现在以下几点。

整合不同主体占据的独特资源,协调其他主体之间的矛盾和冲突,将各主体治理的优势重现排列和组合,更好地发挥主体的合力,达到治理的最优化。尤其是党组织对市场系统和社会系统的协调不仅要着眼于方向的调控,还应该促进市场系统和社会系统的自身建设和实力的增加,以区域化的党建推动基层治理创新是协调建设力量的核心和重点。这种关系体不仅体现在价值调整中实现权力与责任的整合统一,还体现在机制建设中实现权力与责任的协调制衡。

在自治系统中,自治组织具备着多项的权力,如民主选举、民主决策、民主监督和民主管理等,这些权力在日常的治理中需要得到真正的体现,因此村民自治委员会在我国法律上得到了肯定与认可,但是在现实实践之中,其真正效果的发挥还存在一定的问题。乡村委员会向自治转型的过程中还受到各种阻挠,其人事权、财政权和任免权等大都还在上一级政府手中,因此乡村的自治路程依然任重而道远。由传统的乡村发展为乡村,就需要一种新的组织形式的入驻,除了村民委员会之外,还需要物业管理公司的辅助管理,因为村民委员会具有行政和自治双重功能,长久以来的制度桎梏使自治系统在实践中很难发挥整合力量,无法形成自主参与的协商空间。所以,理清村民委员会与物业管理之间的关系不仅仅是解决自治系统内部问题的"手段",也具有诠释自治内涵的重大价值。[①]

从现实情况来看,村民委员会与物业管理公司之间存在的是一种契约关系,也就是新的住房体制改革下,房产由村民所有,政府对土地拥有归属权,但是对于房屋管理的职能由物业管理公司取代,形成一种市场关系。在这里,村民和物业管理公司之间起着协调的积极作用,保障村民出现问题以后合法权益有解决的途径和场地。由此,政府、物业管理和村民之间形成了一种契约关系,相互协调与监督,共同发力,实现更好地治理。

第二节 优化乡村治理的体制

一、我国的乡村治理体制

"乡政村治"的确立对于乡村治理的建设和发展有着重要的推动作用,在乡村治理体制机制的构建与发展中,离不开多元主体的参与,为了更好地探究多元主体之间的关系以及彼此之间的重要性,将从党委领导、政府主导、村民自治、社会协同、公众参与五个方面进行分析,以便更好地

---

① 苏新杰.乡村振兴战略背景下乡村治理现代化研究[D].河南科技大学,2019.

推动乡村治理体制机制的构建和发展。

(一)党委领导

从历史的发展来看,在实践基础上取得成功的中国共产党是中国革命道路的坚强领导,自此我们也得知,中国革命的成功是必须要坚持党的正确领导的。在新中国成立后,在社会主义建设的道路上,也必须牢牢坚持党的领导。在新中国成立以后,我国开始土地改革以及农业合作化运动的推进,在艰苦努力的背后,有着中国共产党作为我们的领导核心,这是取得辉煌成果的基础。

中国共产党成为执政党,无论在什么时期,都是中国最高的领导者和管理者,在我国的经济、政治、文化、生态、社会发展等诸多方面,无不体现出党的宗旨和意志。它是领导中国人民前行道路上的指明灯,是取得伟大成就的基础。建国初期的土地改革和合作化运动,是新政权对历史、现实与未来综合考量下的必然选择,这主要得益于共产党在土地改革过程中所制定的各项政策及由此所体现的思想理论和工作方法。在坚持党委领导的发展中主要从三个角度进行。

第一,加强党委在乡村基层组织建设的作用。新中国成立以来,经过不懈的努力,我国乡村经济得到了恢复和发展,而这样的恢复发展是离不开中国共产党领导下的党建工作的。为了能够建立符合大众利益和国家发展的政治秩序,中国共产党积极推动完备政治组织的构建,在其领导下促进乡村建设。

第二,重视党员在基层组织的队伍建设。党员是中国共产党的基础,有着先进思想和政治觉悟的党员干部对于乡村治理体制机制的构建有着不可或缺的作用。但不可否认的是,我国党员基数较大,因此要高度重视党员在基层组织中的队伍建设,提高其整体素质。在这样的思想指导下,中国共产党在 1950 年 6 月出台了以"反对命令主义、官僚主义、违法乱纪现象"为主题的整风运动,这充分体现出中国共产党对于党员素质的重视和培育,这也是我国整风运动的开端。通过这样的整风运动,党员干部队伍更为纯洁,党员素质全面提高,提高了党组织的战斗力和凝聚力。

第三,充分发挥中国共产党的领导核心作用。在国家发展和乡村建设的过程中,中国共产党都始终是和人民群众身处一线,更始终是强化自身领导以更好地带动乡村的发展和建设,各级党组织深入推进开展思想教育工作,积极宣传相关政策,在乡村治理体制机制的构建与发展中始终

第四章 推进乡村治理现代化的基本路径

彰显出其领导地位,展现出强大的自身力量,提高了党组织在人民群众心中的地位。

(二)政府主导

新中国建立伊始,为了更好地促进乡村建设,我国掀起了土地改革和合作化运动,在社会主义制度的确立后,又开展了"政社合一"的人民公社制度,随着时代的发展,改革开放迎来了新的历史阶段,"乡政村治"的体制机制登上历史舞台。中国发展至今,我国密切联系人民群众,从其切身利益出发科学合理规划建设,这一路走来的发展历程离不开党的领导,也离不开政府的主导。

在一系列发展中,我们必须发挥乡村基层政权的力量,切实推进基层政府职能的履行以及遵循其宗旨原则,在这样的基础上,才能更好地保障人民群众的切身利益,促进乡村治理体制机制的构建和发展。基层政府作为我国行政体制的基层政权,是国家发展与乡村建设的桥梁,基层政府在一方面代表"国家"对乡村发展进行建设和治理,另一方面基层政府还密切联系人民群众,听取和反映人民群众的呼声,向国家表达与乡村密切联系的利益和公共诉求。对于基层政府的建设和发展,一直是我党的重要出发点,更好地建设服务型政府才能更好地服务人民群众。对此,在新时代下乡村治理的发展中,我们应发挥基层政府的重要性,不断创新管理体制,只有责任在心、服务为民的基层政府,才能在新的时代发展中保障人民群众的切实利益和乡村振兴发展建设的重要基础。随着乡村治理的发展推进,我国基层政府的职能也不断转化,从建国初期毛泽东同志提出改造区乡政权,到改革开放以来推动"乡政村治",基层政权的建设都始终是党和国家建设乡村的主要抓手。在这样的思想指导下,我国乡镇政府迅速搭建,不仅权责明确,而且加强了对地方的了解和控制,进而对于地方的建设发展更为行之有效。这样的发展趋势下,基层政府的建设不断完善,国家对于乡村社会的发展更为明晰,符合乡村建设的方针政策得以制定和实施,对于乡村治理体制机制的构建和发展起到了重要的推动作用。

(三)村民自治

村民自治的概念最早出现于1982年《宪法》中,其规定"村民委员会是基层群众自治组织",其主要目的是保障群众利益,并激发广大人民群众的积极性,激发乡村的生产力和活力,促进乡村建设。在基层群众自治制度确立后,村民委员会正式登上历史舞台,"乡政村治"制度的确立促使"政社合一"的人民公社制度正式解体,人民群众真正实现当家作主。作为乡村建设中最广大也是最重要的主体,如何更好地发挥村民自治的作用,对于乡村治理体制机制的构建有着重要意义。

在加强村民自治的过程中,我们牢牢按照国家的规定,深刻发展群众性实践活动,贯彻落实民主选举、民主决策、民主监督、民主管理,使人民群众的自治权利得到真正实施。对于村民自治来说,除了保障村民的自治权利,还要切实加强党的领导。中国共产党是中国特色社会主义的领导核心,在村民自治中必须毫不动摇地坚持党的领导,才能更好地明确乡村发展的目标,推动新乡村的不断建设和发展,从而最终实现新形势下的乡村建设。

在坚持党委领导的前提下,还要加强组织建设,作为村民自治的实现形式,以村民委员会为主的乡村组织对于厘清乡村主体的关系、推动乡村现代化的发展有着重要意义。在村民自治的发展进程中,还要遵循的原则是建设法治乡村,推动依法自治。村民自治的权利是宪法所赋予的,在自治过程中,时刻应注重法治建设,要依法自治、依法办事,按照法律规定的范围内行使自治权,切实营造良好的法治乡村。法治建设的同时,还要注重德治建设。作为自治主体的广大人民群众,需要自觉履行合法权利,不断提高自身的政治素质和文化水平,在目前的乡村治理中,因经济、文化等多方面的影响,整体政治素质和文化水平较弱,需要不断学习,切实提高自身素质,从而更好地推动村民自治,保障自身当家作主的权益。

(四)社会协同

随着社会实践的不断发展,乡村社会建设在我国的占比越来越高,如何更好地推动建设,促进乡村治理的不断发展,是一直以来的发展重点。在党和政府的领导支持下,乡村社会建设发展中出现越来越多的社会团体和个人,乡村治理体制机制的发展,是离不开社会各团体的参与和推动的。这些社会团体参与的主要目的就是为乡村建设发展提供更多的公共服务,以更好地保障人民群众在乡村治理中的权利,这样的社会团体是深受人民群众的信任和支持的,因为他们都是在乡村社会治理中不断演化发展的,其参与主体主要是广大人民群众,其发展目的是更好地实现自我管理、自我教育、自我服务的基层群众自治。

第四章 推进乡村治理现代化的基本路径

社会团体更有利于深入人民群众,和人民群众保持密切联系,能够在基层乡村治理中解决政府所存在的一系列问题,进而反映出人民群众的利益和呼声,切实有效地洞察民心、反映民情,从而实现乡村治理的经济发展和社会进步。在发展社会团体的重要性的同时,还要体现出协同的发展道路。在乡村社会的发展规划中,协调发展是必不可少的,协调意味着协商和合作,意味着反映彼此的意见和呼声,在乡村的发展建设下,我们要重视社会协商的发展。

对于社会协商来看,除了注重社会团体组织的协商,还要深入体现出各类其他主体之间的协商合作,只有在多元融合的协商发展下,才能将一个人的声音放大化,才能体现出集体的声音和诉求。如果仅有党委、乡镇政府主导下的乡村治理,是无法完全把握到人民群众的呼声和诉求的,因此加强社会组织的力量就显得尤为重要。通过社会协同的不断发展,可以更好地维护人民群众的切实利益,可以减少社会建设中可能出现的一系列动荡,可以对乡镇政府起到一定的监督作用,可以进一步推进乡村治理体制机制的构建和发展。因此,在中国乡村治理体制机制发展中,必须要构建出社会团体广泛参与的社会协同机制。

(五)公众参与

多元共治体制机制的建立和形成,是必须以公共参与为主体发展的。在新中国成立初期,"政社合一"的体制机制在推动乡村发展的同时,严重阻碍了乡村建设的积极性和主动性,人民群众的主体地位无法保障,公众参与并没有体现。随着"乡政村治"理念的提出,乡村建设迈入了新阶段,家庭联产承包责任制基本确立了乡村建设的基本经营制度,农民重新拥有了土地的流转经营权,生产积极性大幅度提高,人民公社化制度解体,"乡政村治"的体制机制正式确立。根据社会发展的情况可以得出,"乡政村治"体制的确立,是在发展建设中符合社会进程的,是对于人民群众的尊重和解放,在这样的情况下,乡村治理的发展开始呈现出现代化发展的阶段。改革开放的重要性对于国家经济、政治、文化等方面的重要性不言而喻,同样对于乡村治理的发展进程来看,也是起着重要作用的。人民公社化制度的发展与解体,是以改革开放为时间节点而发展的,除此之外,改革开放前,我国广大乡村地区人民处于普遍贫穷的发展状态,经济建设的落后一定程度上也导致思想的落后,公共参与的乡村治理无从谈起。

改革开放以来,经济建设的发展在全社会范围内开展,乡村建设也如火如荼。在这样的基础上,农民的经济基础不断改善,思想境界也有所提高,价值观念因此发生了很大的变化,当家作主的价值观念越来越强。广大农民群众积极实行自治权利,积极参与民主选举、决策、监督、管理等,不仅有序地参与政治生活,服务意识和能力也不断增强,在这样的基础上,以广大人民群众为主体的公共参与不断增强,这样的民主意识、民主精神更有利于乡村治理的进一步完善和发展。

二、乡村治理体制构成要素的优化

(一) 乡村党组织建设的优化

乡村党组织建设是党的全部工作和战斗力的基础,党的领导是乡村治理现代化的根本保证。《中共中央关于制定国民经济和社会发展第十三个五年规划的建议》强调:党的领导是中国特色社会主义制度的最大优势,是实现经济社会发展的根本政治保证。必须贯彻全面从严治党要求,不断增强党的创造力、凝聚力、战斗力,不断提高党的执政能力和执政水平。因此,在乡村党组织建设中,认真贯彻党要管党、从严治党的要求,必须始终坚持乡村基层党组织领导核心地位不动摇,深入整顿软弱涣散的村党组织,把乡村基层党组织建设成坚强的战斗堡垒,充分发挥其在乡村治理中的领导核心作用。

1. 加强党员干部队伍建设

提高乡村基层干部队伍素质,尤其是建设高素质的乡村基层党组织带头人队伍,对于推进乡村基层党的建设,更好地发挥乡村基层党组织的领导核心作用,促进乡村改革、发展、稳定至关重要。把选拔优秀党员担任村党支部书记、及时调整软弱涣散的乡村基层党组织班子作为当前乡村基层干部建设的重中之重。

完善"两推一选"、面向社会公开选拔等方式,用民主、公开、竞争、择优的办法,把"双带"能力强、办事公道、群众拥护的优秀党员选拔到村党支部书记岗位上来。大力实施"双培双带"过程,着力在乡村创业人员和外出务工人员中发现人才,把更多青年农民致富能手培养成党员,把党员致富能手培养成村干部,提高乡村党员干部带头致富、带领群众共同富裕的能力。

加强乡镇党委书记队伍建设,广开视野,拓宽渠道,择优选拔,真正把

第四章 推进乡村治理现代化的基本路径

那些政治上靠得住、工作上有本事、作风上过得硬、人民群众信得过、善于领导科学发展的干部选拔到乡镇党委书记的岗位上来。同时,把提高乡镇党委书记素质作为一项重点工作常抓不懈,加强乡镇党委书记培训,使他们不断开阔视野,提升知识层次,强化发展意识,坚定发展信心,增强带领群众致富的本领。

2.积极创新乡村基层党组织设置形式和活动方式

2016年中央一号文件指出:创新完善基层党组织设置,确保党的组织和党的工作全面覆盖、有效覆盖。要适应乡村经济结构不断调整、城乡互动日益加强、乡村党员从业方式日益多元化以及党员流动增强的趋势,按照有利于促进乡村经济社会发展、有利于充分发挥乡村基层党组织作用、有利于加强党员教育管理、有利于广大党的工作覆盖面的原则,创新和调整乡村基层党组织设置。认真总结和推广一些地方把基层党组织建在产业链上、建在行业协会中、建在流动党员相对集中的地方、建在经济社会发展重要环节上的经验,努力构建以村党组织为主体、产业党支部为骨干、专业党小组为基础的新型组织体系。例如,设立流动党组织是加强对流动党员管理的一种有效方式。具体而言,应针对不同情况建立流动党员党组织。3名以上正式党员外出到同一地点并相对固定,时间在6个月以上。属于同一基层党委的,基层党委应在他们中建立流动党员党支部;属于不同基层党委的,由上一级党组织根据实际情况,指定有关基层党委在他们中建立流动党员党支部。适应税费改革后乡村行政区划调整的要求,调整乡村党组织设置,切实加强对乡村工作的领导。各级党委要切实加强领导,落实各项配套资金,加强村级组织活动场所建设,真正把村级组织活动场所建设成为村级组织开展工作和活动的阵地,建设成为服务农民群众的阵地。

(二)乡镇管理体制的完善

1.理顺乡镇政府与上级政府的事权关系

制度变迁的报酬递增和受益群体的规模大小对制度变迁走向良性循环是极其关键的。要着力改变乡镇"责大权小财少"状况,促进乡村制度变迁受益面的扩大和报酬的递增。乡村建设实施以来,上级政府与乡村之间的压力型体制并未消解。乡村建设任务自上而下安排,形成一系列指标任务体系,其中有许多是乡镇政府自身难以克服、难以完成的,当县

(区)政府、乡镇政府、村委会各自的职责权限不清时,在压力型体制下本应由上级政府部门完成的事务往往会通过一定途径交由下级政府部门来完成,本来一些不属于村委会的事务最终很可能要由村委会来完成,这是当前造成乡村关系冲突的重要原因之一。压力型体制不消除,乡村关系就无法理顺。为此,县区政府要进一步下放权力,明晰权力边界,改变乡镇缺权、少权状况;要改革县(区)直部门在乡镇的分支机构,对与乡镇工作和群众日常生产生活联系极为密切的分支机构应尽可能下放人、财、物等权力,由乡镇自主管理;对那些业务性较强、尚不能完全脱离县直部门管理的机构,应实行"条块结合,以块为主"管理。同时,要加快对乡镇所属事业单位的机构改革,将不适宜由政府履行职能的事业单位推向社会,对必须保留的事业单位坚持裁汰冗员,严格控制教育部门非教学人员比例,大力提高服务能力。总之,要通过改革使乡镇政府拥有的权力与其履行的职能相对称,从而为改善乡村治理创造条件。

2. 改革乡镇政绩考核方式,促进职能转变

党的十八大指出:要完善干部考核评价机制,促进领导干部树立正确政绩观。为此,根据这一精神,改革完善科学的乡镇干部政绩考核体系,为乡镇政府职能转变创造良好环境,使其不再为GDP增长而向村委会安排发展任务;要根据各个乡镇的实际情况,以人为本,突出环境保护、基础设施建设、社会治安、教育水平、村民素质、人居条件、发展环境等指标,将其落实到乡镇长期发展规划中,不因领导干部的变动而变化;要建立科学的奖惩制度,使那些心系乡村、踏实苦干的干部得到褒奖,使好大喜功、弄虚作假的干部受到惩戒,从而在乡村形成真正执政为民、求真务实的浓厚风气,以此来推动乡村治理的和谐发展。

3. 改变乡村的权力授予方式

从根本说,乡镇政府与村委会的权力都来自人民,都体现了人民当家作主,它们工作的出发点和归宿都是人民的利益,因而二者并不存在根本的矛盾。但是,在现实权力运作中,村委会是基层群众自治组织,由村民直接选举产生,对村民负责,受村民监督;而乡镇政府是一级政权机关,除对乡镇人民代表大会负责并报告工作外,更多是对县政府负责,因乡镇干部是由县级组织、人事部门管理,有的甚至直接任命。这样基层乡村管理体制并存着两个处于不同层面且相对独立的权力:一是自上而下的乡镇政府(代表国家)的行政管理权;二是村委会(代表村民)的自治权。两种权力在运行中容易产生一些不协调乃至冲突。因此,要从两个方面着手,

第四章 推进乡村治理现代化的基本路径

减少产生这种不协调问题的体制性因素。①

（三）乡村社会组织的优化

针对目前乡村社会组织存在的数量偏少、规模偏小、经费不足、人才缺乏，法律不健全、管理难度大等问题，亟须激发内生活力，优化乡村社会组织发展环境，积极培育乡村社会组织，加强立法，保障乡村社会组织合法地位和权益，加快调整对乡村社会组织的管理体制和政策，完善乡村社会组织内部管理机制和外部引导扶持机制，建立政府与农民之间、村民自治组织与社会组织之间的有效联系，这些举措对于解决好"三农"问题，提高我国乡村建设水平，大力推进农业现代化都有极其重要的意义。

1.乡镇组织和村级组织要优化乡村社会组织发展环境，积极培育乡村社会组织

乡村社会组织种类众多，功能不一，各乡各村所面临的具体经济社会和自然环境、人力资源条件都存在很大差异，因此在选择具体的乡村社会组织培育路径时，无论是政府主管部门、乡镇基层政府还是村民自治组织或者广大农民群众个体，既不可能搞"一刀切"，也不可能普遍撒网，而应该因地制宜，实事求是，有选择、有重点地发展相应的乡村社会组织。例如，在具有知名品牌和特色产业的乡村地区，可以各类农业生产合作社为重点，大力发展乡村社会组织。在具有较高知名度的文化留存、遗址或特色文化活动的乡村地区，可以重点选择文化类乡村社会组织。其他一些地区，也可以结合本地农民群众的现实需要，以强化公共服务体系、丰富乡村社会生活等为重点发展相应类型的乡村社会组织，如福利类、教育类、卫生类民办非企业单位或公益性社会组织，如公益事业建设促进会、农民用水者协会、乡村建设理事会等。

2.加强相关立法，保障乡村社会组织地位和权益的实现

考虑农民的现实条件，通过法制调控，将更多的乡村社会组织纳入依法管理的轨道上来，是乡村社会组织健康有序发展的关键。当前《中华人民共和国农民专业合作社法》（简称《农民专业合作社法》）已颁布，农民经济合作组织获得了法律地位，但其他农民组织的地位在我国法律中仍未得到明确。各相关职能部门要借鉴《农民专业合作社法》的立法经

---

① 佟雪莹.我国乡村治理现代化问题研究[D].东北农业大学，2017.

验,尽快制定社会组织法及相应的社团法、民办非企业单位法等一系列规范社会组织行为、机构、治理、管理体制方面的法律、法规。在立法时要考虑乡村社会组织的实际情况,就乡村社会组织的登记管理作出特殊规定。对于这些主要以农民群众为成员,在县以下乡村区域内活动的乡村社会组织,要取消双重管理,变双重管理为单一管理,简化登记程序,放松入口管理,试行备案制,并在资金、政策等方面大力扶持,在日常管理上要注重事后监管。

3. 加快调整乡村社会组织的管理模式和政策

当前,我国对社会组织实施双重管理体制。社会组织要想成立,必须有两个相关部门的许可,一个是行政或业务主管机关,另一个是登记管理机关。即业务主管机关的审查许可和登记管理机关的登记许可,二者缺一不可。在当前,要推动乡村社会组织的发展,应该总结一些地区在社会组织管理体制改革方面的实践经验,在政策上进行改革。主要可以有以下几种做法。一是对原来的多头业务主管机关进行合并、精简,避免多头管理。例如,可以规定由工商联、工经联承担经济类社团如行业商会、同业公会或经济类行业协会的业务主管职责。二是由枢纽型社会组织承担特定领域内社会组织的业务主管职责。例如,可以以某一人民团体为骨干,确认一批枢纽型社会组织,并规定枢纽型组织可作为社会组织的主管单位。三是由民政部门兼任部分社会组织的业务主管部门,或帮其寻找合适的业务主管部门,如规定工商经济类、公益慈善类、社会福利类、社会服务类社会组织的业务主管部门可由民政部门兼任,或由民政部门帮忙寻找合适的业务主管部门。四是取消业务主管部门,实行民政部门直接登记。例如,民政部曾计划由民政部门对公益慈善类、社会福利类、社会服务类社会组织,履行登记管理和业务主管一体化职能,或者规定行业协会、异地商会、公益服务类、社会服务类、经济类、科技类、体育类、文化类社会组织等可以直接向登记管理机关申请登记。五是试行备案制。对于在活动经费、人员数量、办公场所等方面达不到登记注册条件的社会组织,试行备案制,尤其是那些在特定区域内活动的社会组织,如基层社会组织、乡村专业经济组织、乡村文化类、公益类社会组织等。

4. 完善乡村社会组织内部管理机制和外部引导扶持机制

社会组织功能的有效发挥有赖于制度平台。在缺乏制度平台的条件下,社会组织功能的发挥就有可能出现萎缩或偏向。社会组织内部管理机制包括自律机制和竞争机制。一是建立内部质量控制制度、财务公开

第四章　推进乡村治理现代化的基本路径

制度和财务监督制度,提高财务透明度;二是加强从业人员的业务培训,提高业务素质和能力;三是建立起内部激励制度、竞争制度和诚信建设制定;四是社会组织发展也要引入竞争机制,不搞垄断。乡村社会组织外部引导扶持机制方面主要是完善社会组织参与制度。社会组织中的社会精英是处于体制精英与村民之间的隔离带,比普通村民拥有更多的社会影响力,他们一方面具有强烈的政治参与意识和利益表达欲望,但同时也容易对政治体制解决问题的能力产生不满,以致选择非理性、制度外的政治参与方式。因此,畅通参与渠道,积极引导社会组织制度化参与是当务之急。[①]

5.建立政府与农民之间、村民自治组织与社会组织之间的有效联系机制

乡村基层组织是指设在镇和村一级的各种组织,包括基层政权、基层党组织和其他组织三个方面,主要有村党组织、村民委员会、村团支部、村妇委会、村民兵连及新的经济组织和新的社会组织,涵盖了党在乡村的全部工作。在完善村民自治组织和各种农民组织发展机制的基础上,要从以下方面推动乡镇组织与社会组织建设的联动。一是建立与畅通乡镇政府、村党支部、村委会与乡村社会组织的沟通与联系渠道,及时指导、解决乡村社会组织建设与发展中存在的问题。二是推进农民组织建设与基层党组织和村民自治组织建设相结合。充分发挥农民协会中的党支部及党员的先锋模范作用,增强协会组织的凝聚力和战斗力。充分发挥基层党组织和自治组织在开展群众工作中具备的优势,发挥协会党员的先进性和"双带"作用,帮助解决协会中存在的矛盾和困难。三是推进农民协会组织建设与经济发展、农民增收相适应。将进一步在产业结构的关键环节上建立协会、在产业链的薄弱环节上建立协会、在农民最需要服务的项目上建立协会、在党员干部发挥作用突出的地方建立协会,使之成为村民自治的有效实现形式;同时,在村土地流转及产业结构调整的基础上,通过成立股份合作社这一途径让原先的协会会员变成现在的合作社股东,并充分利用合作社的平台进入市场,增强市场竞争力。四是推进农民协会组织建设与为民服务、改善民生相配套。坚持不懈地做好村级日常事务的各项工作,完善好村务代理"一站式"服务,提高"新农保"参保率,认真对待大力解决群众反映的热点、难点问题和关系群众切身利益的问题,增强农民群众的幸福感和获得感。

[①] 王小君.现阶段我国乡村治理能力现代化问题研究[D].河南师范大学,2016.

第三节 完善乡村治理服务平台

一、村级公共服务网络平台建设的体制机制

（一）完善村级公共服务的供给机制

村级公共服务网络平台建设需要依据乡村村民的不同诉求，以满足人们的需求为导向，构建公共服务供给体系。客观认识不同地区教育程度、地理位置、产业发展等方面的不同，注重公共服务的针对性；充分运用互联网大数据技术搜集普通民众对公共服务平台的需求情况，提升需求情况的系统性；引入市场竞争机制，激发社会、企业、个人等多元主体参与公共服务供给，打破公共服务的垄断性；构建网络平台，及时发布政务信息，回应社会关切，营造开放的公共服务环境，提升公共服务的透明度；通过网络化的公共服务供给，保障不同地区、不同人群能够享受均等的公共服务，实现公共服务的最优化；通过多元主体的分工合作和协同推进，在市场竞争和政府引导之下，构建完善的村级公共服务的供给机制。

（二）改进村级公共服务的参与模式

互联网社会的成熟和发展及网民群体的不断增长，网络正在从行为习惯、思维方式等各个方面改变着人民的日常生活。村级公共服务网络平台在某种程度上可以被视为基层公共服务网络化治理的一个雏形。通过互联网技术的应用，打破了传统行政职能的条块分割的困局，实现了政府部门之间的职能融合与数据对接，促进了公共服务部门内部的互动参与，提高了公共服务的效率和水平。公共服务内容的广泛性和提供主体的多样性和复杂性，决定了公共服务中公民参与形式的多样性。网络平台拓宽了公民参与公共服务的渠道，破解社会和市场力量参与不足的难题，强调多元治理主体的协同合作，提升了基层政府服务社会与整合秩序的能力，激发了社会组织和乡村村民参与公共服务的潜力和活力。

网络参与打破了时间和空间的限制，能够及时表达公众个人在公共服务中遇到的问题，村级服务平台在积极引导公众参与、回应公众诉求的同时,自身的公共服务能力也在不断提升。

二、村级公共服务网络平台建设的完善路径

(一)注重多元主体参与,构建村(居)民全覆盖的公共服务网络平台

习近平总书记强调:"要向改革要动力,加快建立健全城乡融合发展体制机制和政策体系。"① 在保障有限公共财政支出的基础之上,积极引进社会资本参与公共服务网络平台的建设,在兼顾公共性和效能性基础上丰富公共服务供给渠道。首先,整合公共服务资源,促进公共服务网络平台与微博、微信、网站等结合,加强公共服务媒介的联动性,并通过电视、广播、街道宣传栏等形式推广网络平台的应用流程,提升网络服务平台的利用率。其次,完善公共服务的外包。规范公共服务外包的具体流程和基本标准,严格审核外包承包商的资质,通过科学的招标程序,引进市场竞争机制,选择服务能力更强的经营部门。同时,明确公共服务部门与经营部门之间的主要职权,在公共服务外包过程中,政府部门向经营部门移交的是公共服务供给,而非公共责任,政府仍然需要加强对公共服务的监管,保障村级公共服务的质量和水平。正如党的十九大报告中所指出"全力打造共建、共治、共享的社会治理体系",形成"多元参与、共建共享、精微共治"的精细化服务体系,推进村级公共服务治理体系现代化。

(二)细化网络平台职责,完善公共服务功能和制度性规范

尽管村级公共服务网络平台的覆盖范围,远远不及省、市、县、乡等级别的公共服务网络平台,但其仍然需要职责齐全、功能完备,能够囊括就业创业、职业培训、人事人才、社会保障等公共服务职能,以"服务型政府"和"效能型政府"为目标,积极推进网络化公共服务发展。明确网络平台的建设指标,包括不同模块的职责权限、工作人员配备标准、硬件和软件设施、日常管理规章制度、应急处理办法、个人信息安全保护、信息数据库建设等,通过"互联网+公共服务"的技术应用,实现公共服务职能的优化重组。加强网络平台的业务流程再造,坚持以业务办理为导向,加强公共服务部门之间的业务协作,将网络平台与公共服务职能部门相衔接,明

---

① 习近平 2018 年 9 月 21 日在十九届中央政治局第八次集体学习时的讲话。

确服务事项、业务主体、服务对象等,针对不同的服务事项和业务范围,构造公共服务流程图,真正实现一站式公共服务。例如,2018年以来,唐山市系统推行"互联网+",将互联网技术应用于人力资源与社会保障公共服务,创建了"业务大厅+网站+APP+自助机"模式,其公共服务的质量和水平得到了民众的一致认可。

第四节 构建自治、法治、德治相结合的基层治理体系

自治、法治和德治三者若单独运用往往难以达到理想的治理效果,一方面在于许多社会治理问题有着复杂的历史渊源并且是动态变化的,没有任何一种治理方法可以处理所有的社会问题;另一方面在于当前我国各地乡村自治、法治与德治的实践和发展呈现出不平衡不充分的问题,实现自治、法治与德治不仅仅是乡村治理所遵循的基本方法,更是现阶段需要不断加强和改进的目标,独立运用其一难以达到的治理效果。党的十九大提出"健全自治、法治、德治相结合的乡村治理体系",这一最早产生于浙江桐乡基层的治理创新成果成为新时代乡村治理的方法体系,强调突破单一治理方法的局限性和不同治理方法之间的对抗性,鼓励灵活探索自治、法治、德治协同发力的有效机制,实现外在规范和内生秩序的优势互补,实现确定性的行动规范与动态化的现实需求的有效衔接,实现历史传统与现代价值的有机融合,并以法治的最终权威性推动传统向现代转化、非制度化向制度化转化,最大限度地激发基层治理活力,确保乡村治理的实质有效。

一、治理理念:秉持人民本位

新时代更注重人自由而全面的发展,"三治融合"乡村治理体系体现"人民当家作主"的思想。新时代乡村治理体系加入了自治、法治、德治的"三治"思想,坚持"以人民为中心"的价值取向。通过扩大各参主体参与途径,实现治理方式的多样化来保障人民权利的实现。乡村治理的目的就是改善民生,促进农民生活美好,维护乡村社会稳定,乡村治理体系就是通过系统的整合的协同的方式,优化治理方式,提高治理效能,从而不断增强人民群众的获得感、幸福感和安全感。

第四章　推进乡村治理现代化的基本路径

（一）以自治凸显村民主体地位

自治的主体在于人，在乡村建设和发展的过程中，离不开人主体地位。如何在自治过程中发挥人的作用？首先我们要了解乡村治理的主体包含哪些，主要是：村民、"村官"和工会、青年团、妇联等群体组织以及其他社会团体。自治主要是为了满足村民对于乡村治理的需要，一切以村民的利益为出发点。通过其他治理主体和村民一同参与自治，共同参与乡村事务的管理。[①]

村委会是村民自治的重要载体，由于乡村事务比较繁杂，且两委之间行政职责划分并不明确，村民自治基本荒废。要厘清村党委和村民委员会的职责，党和政府是乡村农基层组织的领导者和组织者，坚持党对各项工作的领导，同时政府要做好人民的"服务者"，通过具体的制度来保障人民的权益。

村民自治制度体现了党和政府密切联系人民群众的思想。村民自治制度的实施将村干部和村民密切联系起来，是群众路线在乡村治理中的贯彻，在村民自治背景下，由村民直接投票选举村干部，那些在工作中深得人心的有能力的人将会被选出来。因此，这些被村民自己一票一票选举出来的村干部，就会在日常生活中更加询问和听取村民的意见和建议，主动与村民建立良好的关系，村民也在无形中监督了村干部。实践证明，在村民自治程度较高的村庄中，村民之间的关系以及村民权利的行使会更加友好、平等。

我国宪法规定尊重和保障人权，村民自治这一制度实质上也是国家将权力还给村民的，让村民自己管理自己的事情。这样不仅提高了村民参与政治的积极性、参与乡村建设的积极性，也减轻了政府的压力。人民民主的贯彻也需要人民群众的积极参与，村民自治能够更加有效地调动人民参政议政的积极性，树立法治观念，增强民主意识，在参加村治的过程中实现自己的权利。

新时代的乡村治理体系是在党的领导下与中国乡村的具体实际结合形成的具有中国乡村特色的治理体系。党的领导就决定了我们的乡村治理是以人民为中心、以人民利益为一切出发点的乡村治理。在"三治融合"当中，自治始终发挥着村民的主导作用，始终围绕着如何更好地解决村民

[①] 付翠莲.乡村振兴战略背景下的农村发展与治理[M].上海：上海交通大学出版社，2019.

问题,如何更好地维护民意、尊重民意、爱惜民力。"三治融合"的乡村治理体系不仅体现出我国乡村治理体系的特色而且多方面治理方式也保障了人民当家作主的实现。

目前,村民参与公共事务热情不高也是我们乡村治理当中一大难题。村民是乡村治理的主体,更是村民自治制度的主体。但是由于村民自身条件有限,村组织对于政策的执行和乡村的建设等有关内容更多的只是考虑其自身的一个功能性,并没有很好引导村民参与。关于参与的机制仍具有很大的随意性,首先,政策制定没有配套的制度来使村民按照程序和规范参与治理;其次,政策的执行和实施没有具体的监督机构来评估和保障。"村两委"发挥的只是政策传达和动员作用,有时村民只得被动接受,因此村民和村两委对于自身的角色定位模糊不清,这就导致村民参与治理积极性不高。

（二）以法治维护社会公平正义

乡村法治建设是维护农民合法权益的迫切需要。"法律的力量应该跟随公民,就像影子跟随着身体一样。"法律无时无刻不在人民周围,保护着他们的权利并规定着他们的义务。乡村地区要想治理和发展,就必须发挥好村民主观能动性。这就需要利用法律来保障村民的合法权益,维持乡村社会秩序。

"法治"的"法",不限于由国家制定、批准或认可得法,也包括以公序良俗为核心的社会规范体系,应让群众切实感受公平正义。乡规民约是中国基层社会组织中社会成员共同制定的一种社会行为规范。维护乡村社会的稳定、和谐离不开乡规民约,乡规民约能够引导乡民自我约束、自我管理、相互监督、规范行为,从而维护人民权益。在贵州省荔波县玉屏镇水葩村,所有的村民都以"水葩寨规"的内容来规范自己的行为,在这样的制度下,村民讲诚信、守规矩、与邻居和睦相处,村庄关系和谐,偷盗、赌博、违法犯罪行为鲜少出现,是文明村寨的典范。乡规民约形成于村民和部落内部,易于受到村民们的认可。

与法律相比,这些村规民约虽说没有强制力约束,不像法律那样难懂,更加容易接受和遵守。但部分乡规民约也存在着一些陋习,不适应社会的发展,所以乡村法治的建设就显得尤为重要。建设乡村治理的法治体系,一方面可以更好地发挥乡规民约的作用,使法律与乡规民约更加贴近村民生活,让村民易于接受;另一方面,法治可以剔除乡规民约中一些不适应社会发展的因素,科学规范村民的一些行为习惯,树立好权利与义务意识,使村民自觉遵守和信仰法律,同时也能监督村两委制度运行的公开公正透明,以及规范约束村委干部权力行使和滥用。

目前,我国乡村中还存在许多暗箱操作的行为,村干部知法犯法,很多村民不懂法,导致村干部选举存在着不正当的行为。这又会导致选出来的村干部并不能够真正地为村民谋利益,导致村民的合法权益持续得不到保障,形成恶性循环。村霸这一群体也严重危害着乡村的治理。2018年中央一号文件指出,我国要着力建设平安乡村,严厉打击乡村黑恶势力、宗族势力,严厉打击黄赌毒盗拐骗等违法犯罪。这些村霸,有可能是普通农民、黑社会群体、宗教群体甚至是某些"村干部"。这些人轻则索要钱财、打架斗殴,重则将黄赌毒等严重危害社会的风气带入乡村。对于法律意识淡薄、不敢反抗的村民,他们认为"忍忍就过去了"。这样的情况更加说明,权大于法的思想已经根深蒂固在村民心中。

乡村法治的融入使得法律面前人人平等,村民开始敢于表达不公和压抑,保障了村民的人权,维护了乡村社会的公平正义。将法治融入乡村治理当中,通过普法活动,让乡规民约的优势积极发挥,目的就是要保护好村民的合法权益,让村民更好地行使自己应有的权利,自觉参与到乡村建设当中来。法治也是乡村自治得以顺利有效推进的基础,改善村民参政议政积极性和热情度,参加乡村建设。同时,监督村两委权力的行使,更好地保障人民当家作主,把维护人民利益、以人民为中心落到实处,维持乡村社会公平正义,让法治思维浸润人心。

(三)以德治厚植乡风文明沃土

德治对于乡村治理有重大意义,它能够提高村民的思想道德水平,化解乡村社会的道德危机,有利于建成符合新时代要求的现代化道德价值体系,其在自治和法治实施的过程中充当着"润滑剂"的作用,既能提升村民的自治水平,又能弥补法治的不足。

当前我国的自治体系尚未完善,在我国大部分乡村地区,自治仍然处于"能人"治理模式阶段。这些"能人"成为村干部之后掌握着整个村庄的运行,在大小村级事务的决策中起着主要的决定作用。选出的"能人"一方面可以发挥他的才智来处理事务,创造出较高的治理绩效;另一方面可能会导致权力过分集中在村干部手中,可能会忽视村民的建议和意见。在这样的情况下,德治就体现出了"以人为本"德治的作用。德治潜移默化的作用有利于提高村干部自身的道德水平,从而有利于乡村善治目标的实现。德治在一方面有监督舆论的作用,这样村干部在想做一些不当利益的时候,会想到村民的道德谴责,从而对村委会起到一定的制约作用,使村委会更加有效地使用自治权,发挥自治作用,保障村民权益;另一方面,德治可以节约乡村治理成本,乡村事务纠纷仅仅依靠自治和法治来解决,大量事务涌入政府,会给政府机构带来压力,德治调节处理乡村事务,更贴近村民感受,处理结果更易于接受,这正是因为德治是站在村民主体地位的价值立场上去解决问题,也能节约成本。[①]

德治自古以来就是我国治国的一个思想,古代德治思想的丰富内涵也为当今的治国提供了宝贵的思想源泉。早在春秋战国时期,儒家就提出了具有德治意义的"举贤才"的思想,德治其实也就是人治的最高目标,尊重人的主体性。古代推崇德治,认为要以德治国,谓"为政以德"的儒家目标就是德治,他们认为那时的人们都善良,谓"人性本善"自己能管住自己。德治总体来说就是站在个人情感和价值立场上去处理和解决问题,通过道德自律引导人心向善,营造一个和谐稳定乡风文明的氛围。我国乡村社会受儒家思想影响比较深厚,德治更容易在乡村的"熟人"社会中润滑人心,以德治特有的"软约束",继承优秀的传统文化思想,厚植乡风文明沃土,想人民之所想,更加显现治理的人民性。

二、治理过程:推动协同趋向

新时代乡村治理体系以"三治融合"为目标,在"三治"治理上要求过程上协同趋向,协同性顾名思义就是治理要素之间相互配合、相互协作,各个治理方式之间相互联系。自治、法治和德治的每一个治理方式的实现,都要求其他另外两个的配合。自治的实现需要乡风民约的德治和法治强制力的约束,法治的推进又需要自治的实践和德治的引导。德治的润化又靠自治主体的参与以及法治的规范。各项治理要素衔接、融合,形成一个"三治融合"要素循环的治理模式。

(一)以自治为基,激发乡村治理内生动力

当前我国乡村自治制度为乡村治理现代化提供了一个民主的基础环

---

① 冉勇.基于乡村振兴战略背景下的乡村治理研究[M].吉林:吉林人民出版社,2021.

境,以自治为基础,激发乡村治理的内生动力,通过法治强制力和德治道德约束力的良性互动,创造一个具有韧性的乡村治理体系。

村民自治是"三治融合"乡村治理体系的核心,基层政府就是推行国家政策落地实施的"最后一公里"。十八大以来的中央一号文件都指出了乡村自治制度的重要性,要通过不断完善基层组织才能保障乡村人民的基本权益。在党组织的引领下,乡村精英、大学生通过各种渠道或者社会组织团体一起积极参与到乡村治理建设当中,为乡村治理献言献策。广大村民通过基层群众自治制度,实现四个"自我"。通过村民代表大会以及村民委员会,通过村两委干部的引导,自己解决自己的事情,提高村民参与积极性,一定程度上也缓解了政府的基层管理压力。

但是目前从我国的具体实践来看,由于之前长期的国家行政的干预,对于政策的实施村民更倾向于依赖上级,村两委为了使政策尽快落地,更倾向于个人独断。很多时候,村规制度虽比较完善,但执行起来却很困难,就将村民自治形式异化成为村委会治理,甚至在一些村里重大事项上仍然不透明,村民也没有相关的监督方式和渠道。可见,制度的欠缺阻碍着乡村的发展。

一方面,村民通过硬性的法律程序自己选举出为人民服务的代表,来保障自己行使一些管理和组织的权利,通过监督机制来约束村委干部权力的施行,所以村民在实现自治的同时也包含着法治,在进行法治约束的同时,也包含了村民对于约定俗成的乡规民约的遵守。另一方面,乡村社会以"乡村风文明滋润人心"的德治引导着人心向善,也指引着自治的发展。三者互相作用,一方的治理实现连接着其他两方的动态互补,三者统一于自治实践当中。

(二)以法治为本,维护人民群众根本权益

"立善法于天下,则天下治。立善法于一国,则一国治",法治越来越在治理过程中发挥重要作用。"三治融合"的乡村治理体系是站在村民自治的基础上,依法来保障人民权利的实施。乡村社会治理中各种关系相互交织,形成一个复杂的关系网络,在这个网络中,根据血缘亲疏关系,往往阻挠自治的治理效能。各种关系网络容易造成法治的瘫痪和自治的偏离。通过法治的规则性、法治化、严肃性,规范自治程序公平正当,同时,在这种具有乡土人情的乡村社会,相比日常道德习惯所形成的一套具有人情味的"礼治",冰冷的法律让村民更难以接受。但这也解决了利用原来的规则习惯解决不了的事情,法治提高了乡村事务的解决效率。

受我国传统文化的影响,村民对于权力一直保持着敬畏的态度,再加上长期以来法治体系在乡村的建设比较滞后,遇到事情村民更倾向于用别的方式去解决,法治的治理路径更为薄弱。当前,仍然存在有村宗族势力和乡村黑势力为虎作伥,非法宗教组织利用宗教活动干预乡村公共事务的情况,这些行为严重损害了村民的利益,也破坏了自治的基础。鉴于此,政府可以通过法治的强制力和约束力对这些顽固分子进行监督和惩罚,依法打击违法犯罪活动,通过刚性的规定维护和保障村民的权益。

我们国家有着5000多年历史的文明,形成了底蕴深厚的道德文化体系。乡村德治依托于民习民俗、乡村文化等内容,对于其中适合乡村社会发展的我们予以继承,对于阻碍乡村社会发展的我们予以抛弃,依靠法治加以改进,为乡村德治框定边界。乡村是国家治理的底端,法治治理相对不健全。传统的乡村治理以"礼治"存在延续几千年,在"礼治"的框架下讲究家族治理,这就使乡村治理具有"人治"色彩。乡村治理现代化呼吁乡村社会转型,冲击着传统的治理方式和思想观念,乡村的法治建设仍是任重道远。改革开放新时期,党和国家开始注重法治建设,开展"送法下乡""普法教育"等一系列的宣传教育活动,将法律理论落实到具体实践,以法治为本,切实维护人民的根本权益。

(三)以德治为先,弘扬乡村优秀传统文化

德治是"三治融合"的坚实基础,实现乡村治理现代化也必须发挥德治对自治和法治的引领作用。德治主要以传统伦理文化为依托,以民众日常遵循的风俗、习惯、礼节等为表现形式,以道德舆论、社会评判等非强制性手段为保障来实施。经过千百年社会实践中的不断磨合,在德治的思想下产生了一系列不成文的制度和规则,并得到了农民的普遍认可和接受。但是,我国大部分乡村仍然是熟人社会,当出现问题时,碍于情面往往更倾向于采取民间规则来解决面临的法律问题。这时德治就有效地弥补了法治的不足,也为自治培养了一个良好的治理环境。

德治在乡村社会中一直是一种灵魂的存在,不同地区地理环境不同,经济发展不同,文化不同,思想也不同,德治一直用其自身特有的文化价值性滋养着一方。它不同于法治那种强制性的遵守,而是用其一直延续下来的美好的道德品质去潜移默化地影响人们,与自治和法治相比,德治一直属于在治理的实践当中。

第四章　推进乡村治理现代化的基本路径

德治为先,弘扬乡村优秀传统文化,在德治的实践中生长出来的一些优秀的道德品质,也蕴含在我国乡村的传统文化和宗族治理当中,如"老吾老以及人之老,幼吾幼以及人之幼""己所不欲,勿施于人""良言一句三冬暖""让他三尺又何妨"等这些与人为善、互帮互助的思想。这些思想的产生通过德治这一治理方式表现出来,我们称为"乡规民约"和"伦理纲常",这样形成的一套可以共同遵守的行为规范,约束和影响着乡村人民的行为,维持乡村的稳定,保障乡村的和谐发展。

在实践中,德治通过约定俗成的道德调节着国家和社会的关系,也规范人们的自律行为。在自治方面,德治就发挥其教化的作用,潜移默化地影响村民,自觉地减少不必要的矛盾,在解决具体问题时,村里有威望的老者或者有贤能的人出面,在具有人情味的乡村,减少法律的运行成本,而且也不伤情谊,更好地维护村民的权力和乡村社会的秩序。在法治方面,乡规民约中也包含着村民、村民干部依据法律政策,根据本村的村风民风、制度管理制定出来的一些规定等。当然,在制定本村的"乡规民约"时,也需要一些专业人士的参与审核以及村民的表决认可。换言之,只有得到村民普遍认同的道德观念才有可能深入人心,让村民自觉践行,让村民自治游刃有余;也只有发挥道德对民众的教化作用,提高村民的思想觉悟,从源头上减少各种冲突,通过协商达成和解,从而降低法治成本,创造一个自治的良好环境,实现乡村自治、法治、德治互动融合的局面。[①]

德治与新时代倡导的文明新风相结合,与社会主义核心价值观结合,并且将乡村中潜移默化形成的非正式制度有效结合,引导道德规范的形成,促进人们更加积极向上。在具体实践的过程中,由于各方面的差异,每个乡村发展条件不尽相同,在推进乡村治理的过程中要因地制宜,具体问题具体分析。优秀的德治文化予以继承和发扬,对不适合新时代中国特色社会主义文化发展的层面予以摒弃,在尊重差异的基础上,推进"三治融合"乡村治理体系在乡村建立。

通过德治可以丰富村民的精神世界,提升村民的幸福指数。村民的小康生活在物质层面上有了很大的满足,随着国家社会生产力的发展,村民对于物质和精神生活都提出了更高的标准。在乡村治理的过程中,需要充分发挥德治"以文化人"的作用,道德诉诸人们的"良心",诉诸人们内心的"道德信念",它能够通过潜移默化的方式改变人的性情和气质,提升人们的道德涵养,启发人民主体意识,营造一个良好的乡风,实现乡村治理的可持续发展。德治通过内化于人们心中的思想而发挥作用,它能

[①] 王少伯.新时代乡村治理现代化研究[M].北京:知识产权出版社,2021.

够丰富人们的精神世界,能够使人得到全面发展。德治就是乡规民约中所包含的传统美德等,这些为乡村自治和法治的治理提供了良好的道德环境,同时法治维护德治治理中的道德文明。一个治理的推进,连接着其他各项治理方式,彼此之间互为充要条件。因此,构建好"三治融合"的乡村治理体系必须注重自治、德治与法治各项治理方式的有效结合。

第五章　乡村治理的要素分析

　　乡村社会事业是一项庞大的系统工程,包括教育、科技、文化、卫生、基础设施、环境保护、社会保障、社会治安等方面。乡村社会事业是衡量乡村发展的重要指标,是乡村经济发展的出发点和落脚点,它担负着加强精神文明建设、提高国民素质和改善人民群众生活质量、平衡和协调社会各群体间的利益关系、维护社会稳定的重要任务,在我国物质文明和精神文明建设中都具有重要的地位和作用。健全和规范乡村社会治理工作,在人口、教育、科技、文化、环境、秩序等方面最大限度地满足乡村居民的公共需要,是乡村基层政府的职责和使命。这些举措不仅有助于处理好农民与国家之间的关系,维护乡村社会的稳定,而且能够推进乡村经济的发展和社会结构的转型,因而具有十分重要的意义。

第一节　乡村人口与教育治理

一、乡村人口治理

(一)乡村人口治理的意义

不断加强和完善人口治理,使人口发展从无序走向有序,与社会经济协调发展,具有十分重要的意义。

第一,促进乡村人口健康、有序地发展。在传统文化观念的影响下,乡村人口长期畸形发展,使得乡村人口过多,造成了乡村的贫困。

第二,实现乡村人口与经济、资源、环境的协调发展。人口增长必须与经济、资源保持一定的比例关系,否则就会出现人地关系紧张,生态系统失去平衡。

第三,有利于整个社会的稳定发展。在乡村人口占绝大多数的中国,乡村的稳定对全国的稳定起着举足轻重的作用。有效地进行人口治理,能够消除乡村流动人口数量增多、速度加快以及乡村职业分化加剧带来的不稳定因素,从而为整个社会创造一种协调、稳定的良好氛围。

第四,有助于解决或缓解各种人口社会问题。例如,流动人口问题、婚姻家庭问题、人口老龄化问题等。

(二)乡村人口治理的内容

乡村人口治理行动本身就是一项目的性很强的工作,就是为了达到一定的社会发展目标,对人口进行控制,以保证既定目标的实现。另外,由于个人生命的有限性,整个人口的发展也出现了一定的阶段性。一般情况下,每个人都会经历出生、死亡、婚姻、生育、迁移流动等过程。与此相对应,以实现某一特定目的为目标的乡村人口治理,就表现为人口计划管理、婚姻家庭管理、人口登记管理和统计管理、流动人口管理、丧葬管理等各个方面。

(1)人口计划管理。人口计划管理是对人口发展进行计划和规划,使

第五章 乡村治理的要素分析

人口发展与生态环境、经济发展计划及规划相协调。乡村人口计划管理是乡村地区在国家计划的指导下,从本地区的人口状况出发,在分析影响未来人口发展诸因素的变化和实际可行性的基础上确定的人口计划。它应该既保证完成国家人口计划提出的任务,又符合本地区的实际情况。人口计划可分为短期人口计划、中期人口计划和长期人口计划。短期人口计划主要是年度计划,一般低于3年;中期人口计划一般是5~10年;长期人口计划一般会超过10年。

制订人口计划时,要遵循以下几个方面的原则。第一,对人口进行科学的预测。人口预测是制订人口计划的最重要的依据,因此人口预测的质量直接关系到人口计划的质量。第二,对决定生育率变动社会经济因素做出科学的分析,考虑计划的可行性。有计划地对人口进行调节,是通过调节生育率来实现的,只有全面地分析影响生育率的社会经济文化因素,才能使人口计划建立在切实可行的基础上。第三,人口计划要做到长期、中期、短期相结合。第四,人口计划要和经济计划、社会发展计划相协调。第五,人口计划要具有一定的弹性,保持一个可以上下浮动的幅度。因为影响人口发展的因素极为复杂,计划中不可能将所有因素估计得都非常准确,不可能到某一时期,必然出现某一人口数值。

(2)婚姻与家庭管理。婚姻与家庭管理主要内容包括:婚姻登记管理,即对结婚和离婚进行登记管理,要求结婚者符合《婚姻法》的有关规定;非法婚姻管理,就是对非法同居、重婚等的管理;婚姻介绍管理,就是对婚姻介绍机构进行管理,促使其规范经营;家庭关系管理,对家庭成员的权利与义务之间的关系进行管理。

(3)人口登记与统计管理。人口登记与统计管理主要内容有:人口登记管理,包括出生与死亡登记、婚姻登记、迁移登记等;人口身份证管理;人口统计管理,就是在一定时间和地点对人口数量进行统计,配合国家做好各项人口调查统计;人口信息管理,就是人口数据、资料的收集和利用等。

(4)流动人口管理。流动人口管理主要内容有:流动人口居住管理,包括流动人口的租房管理和买房管理;流动人口的就业管理;流动人口的综合治理。

(5)人口资源管理。人口资源管理主要内容有:人口数量管理,要求准确掌握人口总量、人口的分布、人口流动、迁移的数量等基本动态指标;人口素质管理,要求对乡村中残疾人口所占的比重,青少年身高、体重,乡村中的文盲率、识字率、就学率,每万人所拥有的医生数、床位数、人均卫生费,人均食用肉类、奶类、粮食数、卫生用水、人均住房面积、体育、文娱事业的普及程度,环境污染情况,电视、书刊、报纸等数量进行统计和管理;劳动力资源管理,实现劳动力在各地区之间、各部门之间、各行业之间的自由流动。

(6)死亡人口管理。死亡人口管理主要内容有:死因类型统计,分析死亡原因,为治安管理、社会公共卫生管理提供依据;丧葬方式管理,使之符合我国丧葬方面的有关规定。

二、乡村教育治理

(一)乡村教育的特征

1. 乡村教育内容的实用性

乡村教育有着多种多样的功能,如传承民族文化的功能、普及科学知识的功能等。这一功能是乡村教育发展之初就有的,对于整个人类社会的发展起着重要的作用。但对于一般的乡村居民而言,乡村教育的这一功能并没有得到很好的彰显,他们更加注重乡村教育的经济功能,即子女上学的主要目的在于考取好的学校,有好的出路,能改善自身的生活质量等。这在一定程度上表明了村民对科学技术知识的渴求,同时也反映出乡村教育功能的实效性特点,因此说实用性是乡村教育的一个重要特征。

我国是一个人口大国,其中乡村人口占据非常大的比例,因此重视乡村教育的改革与发展非常重要。与城市中的家庭子女相比,乡村中接受高等教育的学生要处于一个较为落后的局面。很多乡村学生在接受完九年义务教育后选择务农或进城打工。针对这一情况,乡村教育部门应认真细致地研究教育的模式,大力培养实用性的乡村人才,解决乡村学生"升学无望,就业无路,致富无术"的问题。因此,乡村教育要高度重视教育的实用性特点,这样才能提高乡村教育的质量,促进乡村教育的发展。

2. 乡村教育文化的多元性

我国是一个多民族的国家,历经各个时期的发展,中华民族形成了无比灿烂的文化,而我国的乡村教育文化就属于中华民族文化的重要内容和组成部分。教育与文化之间的关系非常密切,二者相互交融、共同发展。一方面教育能够传承和创新文化,促使文化代代相承;另一方面,文化又

第五章 乡村治理的要素分析

在一定程度上制约着教育的发展走向,促使教育向着符合时下文化思潮的方向发展。

教育文化的多元性取决于文化的多元性。我国的传统文化是以儒家文化为主体,但同时也融合佛、道文化的内容。我国社会主义文化是以提高人民大众文化水平为目的的、民族的、科学的、大众的文化。在遵循社会主义文化要求的同时,还必须审慎地对待各民族文化的特点和各地城乡文化的差异。除此之外,教育者还要学会新技术的利用,加强教育创新,做好各民族文化的改造与发展,这样我国的乡村教育才能从中散发出迷人的魅力。

3. 乡村教育地位的基础性

乡村教育还具有地位基础性的特点,这一特点主要从以下三方面得到体现。

第一,我国乡村教育层次较低,即九年义务教育阶段的教育,在这一阶段,乡村学生接受学校的教育,村民们也能从中受到一定的文化启蒙。

第二,我国是一个人口大国,也是一个农业大国,乡村人口在全国人口中占有很大比例,因此加强乡村人口的素质教育非常重要。据粗略统计,我国有一半常住人口在乡村,他们主要接受乡村学校教育。因此可以说,我国乡村教育的发展非常重要,我们要结合时代发展的形势,不断加强乡村教育的改革与发展,促进乡村居民文化素质的发展和提高。

第三,我国地域辽阔,人口众多,乡村可以说是一种永久的存在形式,乡村教育在我国社会主义现代化建设中发挥着非常重要的作用。我国地广人多,有很多边疆地区,这些地区的地理位置比较特殊,存在着大量的乡村,从某种意义上而言,这些地区的村民就是站在"固疆守土"第一线的战士,因此加强他们的素质教育非常重要,这些边疆地区的乡村教育也具有了国防教育的性质。这也是我国乡村教育基础性作用的一个重要体现。

4. 乡村教育形式的多样性

乡村教育还具有多样性。伴随着时代的不断发展,目前我国乡村经济结构正在由单一的、粗放型的传统小农经济结构与形式转向多元的、科学型的现代大农业经济结构与形式。在当前社会背景下,乡镇工业逐渐崛起,农业生产方式得到了极大的转变,科技含量大大提升。在这样的情况下,我国的乡村社会结构也发生了重大变化,农民的身份不再单一,他们成为亦农亦工亦商的现代农民,这是时代发展的必然和表现。

(二)乡村教育的目的

1. 乡村教育目的的演变

不同国家、民族和地区由于政治背景、经济水平、文化风格等存在差异,因此他们的乡村教育的目的也各有侧重。乡村教育的目的随着国家的发展而不断演进,大体上经历了下列三个发展阶段。

第一阶段是以服务政治为目的。西方发达国家乡村教育发展早期,为了使国家政治更加稳固,国民素质得到提高,在全国范围内大力推动义务教育的普及,乡村集聚了大量的人口,也同样推行义务教育,并以服务政治为目的。

第二阶段是以服务经济为目的。随着人们认知水平的提升和实践经验的丰富,关于乡村教育的研究也不断深入,从单纯研究乡村教育的教育价值向研究教育的经济价值不断深化,并提出乡村教育对促进乡村经济发展的重要意义。基于对乡村教育经济价值的深入认识,乡村职业教育得到重视,乡村职业教育在基本书化学科的基础上融入满足生产需要的教育内容,对乡村职业培训给予高度重视,从而提升了农民的文化水平和农业实践操作技能水平,进而促进了农业经济的发展。为了更好地发挥乡村教育的经济价值,使其为国家经济发展做出巨大贡献,一些发展中国家建立了乡村综合教育基地,将乡村义务教育与职业技术教育有机整合,从而更好地促进经济的发展。

第三阶段是以服务乡村发展为目的。20世纪90年代开始,世界各国的乡村经济逐渐发展起来,但随之而来的是乡村生态环境遭到严重破坏,在这一背景下,乡村教育促进乡村社会可持续发展的价值被挖掘和重视,乡村教育逐步由服务经济向服务乡村发展为目的,这里的乡村社会发展不仅指乡村社会经济发展,也指改善乡村人口的生活环境和生活质量。

2. 乡村教育目的的功能

教育目的具有重要的导向功能、教育功能、社会功能和评价功能,乡村教育目的作为教育目的的组成部分之一,同样具有这些功能。

(1)导向功能

一切乡村教育工作都要以乡村教育的目的为出发点,并最终指向教育目的的实现。明确而适宜的乡村教育目的对乡村基础教育、职业教育、成人教育等教育活动的开展,尤其是学校基础教育课程的设置具有重要的导向意义。学校从乡村教育目的出发而开展教学工作,在乡村教育目的的指导下对学校全局工作展开调控。

(2)教育功能

乡村教育的目的具有重要的教育作用,不仅是对受教育者有教育意义,对教育者同样有教育价值。乡村教育的目的是明确指出乡村教育的方向,使乡村教育沿着正确的方向不断发展,使受教育者逐渐达到教育目的中提出的"做人标准",并使教育者和受教育者树立宏伟理想,立志报效祖国,回报社会。

(3)社会功能

在我国教育目的的影响下,乡村教育目的不仅对人才培养的标准做了规定,同时对培养对象将来的服务对象和服务方向做了明确,使乡村教育的广大对象立志将来投身于乡村社会建设,建设家乡,保护家乡,为家乡人民而服务。

(4)评价功能

任何教育形式的教育目的都具有评价功能,乡村教育目的自然也不例外。有很多标准可以用来对乡村教育工作质量进行衡量,但有一条标准是必不可少的,即教育目的中提出的关于人才培养的规格是否一一达到。对乡村教育的特色进行评价时也要参照乡村教育的目的。

3.乡村教育目的的构建

(1)乡村教育目的以人的发展为旨归

教育目的有两种层次类型:一是个人本位,二是社会本位。发展人的个性是个人本位下教育目的的重要主张;为社会发展服务,促进社会进步是社会本位下教育目的的重要主张。随着全球教育的不断发展,这两种层次的教育目的渐渐走向融合,因为社会的进步与发展离不开无数个体的推动,而推动社会发展的人应该是符合社会需求的新型人才,既具备专业知识和专业技能,又具备实践能力和创新能力。所以说,从根本上而言,教育的目的终究以人的培养与发展为旨归。因此说,我们判断乡村教育目的的实现情况,最终要以受教育者的发展为落脚点,为推动受教育者在乡村教育中实现全面发展,必须坚持科学指导思想,即"以人为本"和"全面发展"。

首先,要坚持"以人为本"指导思想。在乡村教育中坚持以人为本的指导思想,就是要结合受教育者的乡村生活而进行教育,使受教育者深刻认识到乡村教育就是为自己开展的教育,通过乡村教育而提升受教育者的文化素质与生存技能,使受教育者的精神世界更加丰富,综合素质得到

第二节　乡村科技与文化治理

一、乡村科技治理

（一）科学技术与农业现代化

我国人多地少，人均资源相对不足，这种国情决定了我国农业发展只能走依靠科技进步、提高土地出产率、降低资源消耗的道路。改革开放以来，经过40多年的发展，我国农业和乡村经济发生了巨大变化，农业综合生产能力显著提高，农产品供给由长期短缺转向总量大体平衡，并出现结构性和区域性相对过剩。这一方面说明目前的农业经济结构难以满足人民群众日益增长的物质生活需要，另一方面说明农业发展正酝酿着从量变到质变的崭新突破。农业竞争的核心是农业科技竞争。大力推进农业科技进步，是提高我国农产品国际竞争力、加快传统农业向现代农业转变的根本举措。

（1）提高农业综合生产能力，增加农产品产量相对于人口总量来说，我国土地资源、水资源严重缺乏。为了满足14亿人口对粮食及其他农产品的需求，必须从根本上提高我国农业的土地生产率和劳动生产率，实现农业稳定增产。这就需要依靠科技进步。

（2）发展农业规模经营，深化产业结构调整实行家庭联产责任制后，大部分地区乡村实行一家一户的生产经营方式，农业生产规模较小，经济效益较差。从长远来看，必须调整农业结构，走规模经营的道路。而实行农业结构调整，就需要把精耕细作的传统与现代技术结合起来，在保护和提高粮食综合生产能力的前提下，继续按照"优质、高产、高效、生态、安全"的原则，走精细化、集约化、产业化的道路。

（3）推动农业可持续发展通过有效整合科技资源，加大农业技术推广利应用，可以提高农业劳动者素质，提高农产品的科技含量和农产品竞争力。此外，通过建立健全农业技术推广体系，实现科技和经济紧密结合，将先进成果转化为现实生产力，可以形成经济发展与科技进步互为支撑、协调发展的局面，最终使我国农业走上科技含量高、资源消耗少、环境污染低、综合生产能力强的可持续发展道路。

第五章　乡村治理的要素分析

（二）科教兴村计划的实施

实施科教兴村计划是贯彻和落实党中央、国务院提出的"科技兴国""科技兴农"战略的重大举措。它以提高劳动者素质为核心,以科技进步为重点,以促进农业和乡村经济发展,加速乡村两个文明建设为目的,是一项具有战略意义的宏伟事业。

1. 科教兴村计划实施的意义

实践证明,科教兴村计划在推进我国农业和乡村社会经济发展中已经显示着强大的生命力和创新活力。

（1）实施科教兴村计划,是落实"科教兴国""科教兴农"战略的基础工程。我国乡村人口众多,经济、文化、科技、教育的落后状况严重影响着科教兴国战略的实施和全国实现小康的进程。而村是我国乡村的社区集体,是乡村最基本的经济细胞和最稳定的社会单元,因其在自然资源、人文、地理、经济等方面的独特性,始终是我国农业生产和乡村经济改革的最基层单位,把科教兴农的切入点落在村是最合适的。从政治上讲,村的稳定和发展支撑着乡村乃至整个国家的稳定;从经济和社会发展角度讲,村的稳定和繁荣支撑着国家经济的繁荣和社会的发展进步。没有乡村的稳定就没有全国的稳定,没有农民的小康就没有全国人民的小康,没有乡村的现代化就没有国家的现代化。

（2）实施科教兴村计划,是推动乡村经济发展的重要举措。科教兴村计划是我国乡村文明致富奔小康的一项系统工程。通过建立一种新的良性社会机制,从村级切入,在全社会特别是县乡政府的支持领导下,充分调动全社会科技、教育工作者以及广大农民群众的积极性,通过教育和科技成果的推广与应用,因地制宜地建立村域经济主导产业,促使村域尽快步入经济发展的快车道。具体来说,就是依靠科技、加强教育,培植乡村经济发展的新的经济增长点,通过选择和发展主导产业,加快农业产业化进程,促进农业增产、农民增收和两个文明建设步伐。

（3）实施科教兴村计划,是实现农业增产和农民增收的有效途径。农民增收不能只依靠粮食产量和自发的家庭养殖,农民收入的进一步增长必须引进科技、面向市场。

（4）实施科教兴村计划,是加快乡村文化和乡风文明建设的重要手段。由于村是农民的聚居地,村民之间的行为彼此影响。通过实施科教兴村计划,大力开展精神文明建设,在村干部中开展"十带头",在群众中开展"五好家庭""双文明户"活动,形成爱科学、学科学、用科学的风气,不仅可以提高群众的科技文化素质,更重要的是能够树立科学文明、和睦团结的良好村风,抵制封建迷信和歪理邪说的侵袭。

2.科教兴村计划的管理和运行机制

科教兴村是贯彻和落实中共中央、国务院提出的"科教兴国""科教兴农"战略的一项重大举措,是加快农业产业化进程,解决农业增产、农民增收、乡村稳定,促进区域经济发展的重要途径。实践证明,"科教兴村"活动有效地把政府、科技人员、农民的作用和积极性有机地凝聚在一起,极大地加快了科技成果的转化和乡村生产力的发展,促进了农业增产、农民增收和乡村稳定,对乡村两个文明建设起到了积极的推动作用,加速了乡村奔小康的进程。因此,大力开展科教兴村活动,对解决当前"三农"问题具有至关重要的意义。为了更好地实施和开展这项工作,需要全社会的支持。作为乡村社会管理主体的县、乡(镇)政府,要在力所能及的范围内,理顺机制,规范管理,为科教兴村计划的顺利实施创造较好的环境。

(1)建立科教兴村组织领导保障机制。科教兴村是一项涉及乡村全局的社会系统工程,仅靠科技、教育、农业等部门是不能达到预期目的,需要各级政府成立一个权威性强、协调能力强的科教兴村组织领导机构,吸收科技、教育、农业等部门领导参加,负责组织、协调、检查、指导科教兴村工作,把科教兴村纳入各级政府的行为轨道和科教兴省、兴市、兴县、兴乡的重要内容。建立县、乡、村三级科教兴村领导体系,是组织领导保障机制的重点。

(2)建立合理的激励机制。在社会主义市场经济条件下,科教兴村既要坚持政府统筹,又要引入市场机制,这样才能调动社会各部门和广大科技人员、农民群众广泛参与的积极性。为此,要按照市场经济规律,建立利益分配机制,引导农、科、教各有关部门和企业主动投入科教兴村的各项事业;要制定并落实优惠政策,吸引科技人员到科教兴村第一线建功立业,如与专家教授达成协议,允许把科教兴村工程当作企业办,允许专家教授通过技术入股、分红、承包、提成等形式,实现利益分享,从而调动广大教师和科技人员的积极性。

(3)建立科教兴村的目标责任考核和检查监督机制。实施科教兴村必须建立一套严格的目标管理责任制,明确责任,进行考核,彰先策后。按照科教兴村年度计划提出的目标与任务及时检查,发现问题,及时解决。同时,要发挥监督作用,保障科教兴村的有效运行,保证科教兴村工作落到实处,保质保量。

(4)多方筹资,充实科教兴村的经济基础。要逐年提高各级财政部门对科教兴村所需资金的投入,按一定比例列入财政预算,与财政支农资金、科技开发资金、科教兴农有关项目配套资金等统筹使用;要充分运用和体现国家对农业发展的优惠政策,要充分发挥乡村信用社的作用;要充分利用好金融部门的科技信贷资金;要建立乡镇企业以工补农基金,要外引内联,多方吸引国内外生产、经营资金和科教发展资金。

(5)重点突破,树立典型。要在坚持自愿原则的前提下,通过典型示范和思想工作相结合,引导农民积极参与,自觉成为科教兴村的主体。为此,要组织相关专家对现有的示范点进行论证,筛选一批具有明显的优势和潜力的村庄,帮助它们制定规划,确定项目,推广一批先进实用的技术,从而起到强大的示范和辐射作用。

(6)加强队伍培训工作,提高农民的文化素质。农民是科教兴村的主体,农业科技成果转化、农民劳动生产率的提高,都与农民科学文化素质有着极为密切的内在联系。提高农民科学文化素质,加快乡村技术人才培养,是科教兴村计划的关键。因此,在实施科教兴村计划中,一定要把提高农民素质放在首位,开展多形式、多层次、多类别的技术培训。一是对乡村劳动力进行实用技术培训、"绿色证书"培训,造就一支熟练劳动者队伍;二是对基层专业技术人员进行知识更新培训,创建一支高水平的技术服务队伍;三是对乡村基层干部和县乡干部进行培训,使他们具有强烈的科教意识和开拓创新意识,懂得按科学规律和市场规律办事,掌握现代农业科技和现代企业管理艺术,有较强的民主法制观念和政策观念,能克己奉公,一心为农民谋福利,并具有较强科学决策能力和协调能力。

二、乡村文化治理

(一)乡村文化建设的重要性

加强乡村文化建设,是全面建成小康社会的内在要求,是树立和落实科学发展观、构建社会主义和谐社会的重要内容,是建设社会主义新农村、满足广大农民精神文化需求的有效途径。

(1)建设乡村文化,对乡村经济建设及整个社会经济的发展具有巨大的推动作用。经济发展是文化发展的坚实基础,而经济发展也需要文化建设所提供的思想保证。文化建设可以有力地推动经济增长,如促进产业结构的合理化、改变社会的消费结构等。

（2）建设乡村文化，可以提升农民素质，具有实现农民的自我价值的功能。乡村文化建设水平提高了，农民文化活动就越丰富，人们的参与程度就越广，整体的文明水准就越高。

（3）建设乡村文化，可以引导农民形成正确的伦理观念和行为规范。乡村文化建设倡导积极的价值观、人生观和行为模式，并对乡村存在的问题、冲突等给予解释，使农民能够求同存异。乡村文化建设为农民提供健康的活动场所，使农民在文化活动中潜移默化地受到教育，从而提高农民的素质，培养高尚的道德情操。小康社会中乡村文化建设强调特定的文化理想、价值观念和行为方式，规范人们的行为模式。它既可以鼓励农民与现实相适应，又可以引导人们积极追崇尚未实现的理想和目标。

加强乡村文化建设，也必须相应地加强乡村文化事业管理。改革开放以来，农民在解决了温饱之后，对文化的需要逐渐增加，乡村文化建设取得了令人瞩目的成绩，从地方戏剧、杂耍、说唱和电影，到电视录像、棋牌娱乐的普及。一些先富起来的农民需要高消费的娱乐方式——电子游戏、歌舞、娱乐等。一些娱乐场所规模越来越大，装饰越来越豪华，消费水准越来越高。但是，乡村文化事业管理并没有跟上，出现了不少漏洞，某些唯利是图的文化娱乐经营者，乘机引进了赌博游戏、色情书刊、艳舞表演等低级趣味的娱乐活动，严重影响了我国当代乡村文化事业建设的健康发展。

（二）乡村文化事业建设的策略

近年来乡村文化建设出现了新的问题和困难，乡村文化建设走入了"困惑期"。如何走出文化事业建设的低谷，加强文化事业管理是当前乡村建设的一个重要内容。针对乡村文化建设要更新管理理念，使乡村文化建设在构建和谐乡村中发挥积极作用。

（1）加强基础设施建设，大力推进乡村文化事业的发展。农民搞文化活动，首先要具备一些如图书馆、球场等基础设施。加大基础设施的投入，是推进乡村文化事业建设的前提。

第一，大力推进广播电视进村入户，以提高中央台和省台广播电视节目入户率为重点，采取多种技术手段，加大实施广播电视村村通工程的力度，力争使农民群众收听收看到更多、更好的广播电视节目。

第二，积极推进乡村电影放映工作，继续实施乡村电影数字化放映工程,加大专项资金投入,重点做好配送电影流动放映车和电影拷贝工作,丰富乡村电影的片源。

第三,开展乡村数字化文化信息服务。目前在一些偏僻地区,农民至今仍看不到电视,听不见广播。数字化文化信息服务要与乡村文化设施建设统筹规划、综合利用,使县文化馆、图书馆和乡综合文化站、村文化活动室逐步具备提供数字化文化信息服务的能力。同时,要依托乡村党员干部现代远程教育和乡村中小学现代远程教育网络,发展基层文化信息服务点。

(2)加强对乡村文化市场的管理,保障乡村文化市场健康发展。在这方面,必须坚定不移地贯彻"一手抓繁荣,一手抓管理"的方针,把乡村文化工作纳入法治化轨道,避免政出多门、管理混乱。乡村文化市场的管理要坚持引导、鼓励、扶持并重,加强管理,保护经营者的合法利益,做到"管而不死,活而不乱"。应该用科学的发展观,改进管理办法,完善管理体系,探讨建立起一套适宜乡村文化市场管理的模式,以促进乡村文化市场朝着文明、安全、健康、繁荣的方向发展。

第三节 乡村生态与秩序治理

一、乡村生态治理

(一)乡村生态文化建设的意义

生态文化是人类主体文化需求的一个方面,是生态道德建设的理论支撑,是现代化建设过程中的一种文化滋补,能够有效地避免边建设、边污染、边治理的不合理现象。只有山川秀美的现代化,没有穷山恶水的现代化。因此,加强乡村生态文化建设,让"环保风暴"尽快刮到农家,意义重大。

1. 生态文化是生态文明建设的基础

生态文明指的是一个有组织、自我调节的共生系统,是自然、城市、乡村、人形成的共生共荣的有机整体。从生态哲学的角度看,生态的价值取向是生态文明,即以维持自然平衡、实行人类持续和谐发展为取向的文明形态。从生态社会学角度看,生态文明倡导生态价值观、生态伦理以及自觉的生态意识,创造公正、平等、安全、舒适的社会环境。

生态文化恰是调和人与自然矛盾的一个新兴的文化系统,倡导社会的可持续发展、资源节约型和循环经济的发展道路、绿色消费和人类自然的和谐共生,是生态文明建设的基础。

2. 生态文化建设是社会主义新农村建设的必然要求

为了体现社会主义新农村建设的要求,我们应该加强生态文化建设,从根本上改变乡村的生存方式、生产方式、生活方式,赋予人类的全部活动和文化存在以崭新的内容和形式。因此,生态文化建设在推进生态文明的过程中,必定会促进乡村生产力科学合理地向前发展,提高农民的环保意识,提高农民的身体健康水平,同时使乡村村容整洁、旧貌换新颜,有效地遏制乡村生态环境的恶化。乡村生态文化建设体现了广大农民群众的根本利益,是社会主义新农村建设的必然要求。

3. 生态文化建设是科学发展观的具体体现

所谓全面发展,就是要着眼于经济、社会、政治、文化、环境等各个方面的发展;所谓协调,就是各方面发展要相互衔接、相互促进、良性互动;所谓可持续,就是既要考虑当前发展的需要,满足当代的基本需求,又要考虑未来发展的需要,为子孙后代着想。也就是说,人类应该均衡地分配生态利益,不能把发展看作是少数人的发展或少数国家中的一部分人的发展,不能只考虑当代人的发展,而忽视后代人的发展。科学的发展观主张人类要尊重自然、爱护自然、保护自然,实现人与自然的和谐发展。因此,加强生态文化建设,不断追求人与自然的和谐,实现人类社会全面协调可持续发展,是人类共同的价值取向和最终归宿。

(二)生态文明村建设

中共中央总书记习近平同志指出:"中国要强,农业必须强;中国要美,农村必须美,中国要富,农民必须富。"他还强调,"要继续推进社会主义新农村建设,为农民建设幸福家园和美丽乡村"。生态文明村对于城乡一体化的实现是至关重要的,同时建设好生态文明村就是在给乡亲们造福,乡村不应该变为荒芜的、留守的和记忆中的;不仅要对城镇化进行发展,也要发展新农村的建设和农业的现代化也要进行发展,这样的发展才是平衡的。我国在现代化建设上,生态文明村是其重要的组成部分,是城

第五章 乡村治理的要素分析

乡统筹发展的重要举措,是"三农"问题解决的金钥匙,是乡村的建设、农业的强化和农民的富裕的基础工程与重要手段。

1. 生态文明村的内涵

从本质和总体上来看,生态文明村不仅仅是针对外表的,也是针对内涵的。即便山清水秀但贫穷落后,这样的乡村不是生态文明村;即便奢靡浪费但有着严重的环境污染,更不是生态文明村。生态文明村要保证环境是文明、秀美和富裕的,还要保证其是可持续发展的,其生态良好,对于本民族的文化进行展示的同时又能做到与世界接轨。这就是党的十八大中要求乡村与生态文明上"融入经济建设、政治建设、文化建设、社会建设各方面和全过程"的要求相符合。这样的乡村也是和人们的期盼相符合的。生态文明村的建设这一工程是具有高度综合性的,其涉及很多领域和基础建设。

生态文明村不仅要对其外部的环境优美进行强调,同时还要对其内在美进行重视。乡村的"美丽"不应该只在物质上进行表现,同时还应该在社会文化和精神上进行体现。生态文明村不仅需要实现人与自然的和谐相处,同时对于农民本身的生活品质也要进行提升,对于乡村的生态人居体系进行大力推进,实现对乡村生态环境体系、乡村生态经济体系和乡村生态文化体系的建设,其主要是为了实现对乡村在其生态环境保护上的形成和进行乡村产业结构、农民生产方式和乡村消费模式上的可持续发展,对于乡村在多方面进行建设,实现其社会系统工程的聚集,这一民生工程是关系着千万群众切身利益的重要工程。

"美"即要求在生态文明村中应该生活美好、生产发展、文化传承、村庄和谐、生态可持续。"生活美好"应该是构成生态文明村的重要基本条件;"生产发展"应该是实现生态文明村的重要经济支撑;"文化传承"是生态文明村应该具有的重要灵魂支柱;"村庄和谐"体现了生态文明村的精神文明;"生态可持续"是美丽村庄所应该具有的核心本质。生态文明村建设包括四个方面,也就是"生活美""生态美""生产美""文化美"。

生态文明村是需要进行规划科学、布局合理、环境优美、人与自然和谐的秀美的乡村;是家家能生产、户户能经营、人人有事干、个个有钱赚的富裕的乡村;是传承历史、延续文脉、特色鲜明的有魅力的乡村;是功能完善、服务优良、保障坚实的幸福之村;是创新创造、管理民主、体制优越的具有活力的乡村。生态文明村的建设,要对党的十八大精神进行落实,同时对于生态文明的建设上的需要进行推进,对于乡村的人居环境进行适当改善,保证对社会主义新农村的建设水平上是满足的。对于生态文明村而言,其对于中国特色社会主义建设是至关重要的。生态文明村的建设,对于乡村经济繁荣和对群众致富奔向康而言是起到促进作用的。

2. 生态文明村建设的原则

城乡统筹规划①主要包括城镇体系的规划、城市规划、镇规划、乡规划与村规划。乡村规划主要是小城镇与城镇之间统筹规划的一个十分重要的组成部分。乡村规划往往都是乡村建设与乡村社会经济得以迅速发展的蓝图,也是政府管理、指导乡村建设十分重要的依据,同样也是切实做好乡村建设首要的保证与努力实现乡村建设可持续发展的有效途径。

生态文明村规划是一个涉及面广、涉及具体因素众多的复杂而系统的庞大工程,不仅要充分考虑统筹城乡发展的一体化,还需要考虑村镇的各行各业全面发展,更为重要的一点是要做到全面的考虑,包括村镇长远发展的远大目标。生态文明村的科学规划必须要遵循下列两方面的原则。

(1)规划先行原则

做好生态文明村的建设最为关键的一步就是要能够搞好科学的规划。做到规划先行,才能决定生态文明村建设发展的根本方向,也是生态文明村建设得以实施的"大纲"。规划先行,一定要坚持近期发展和中远期发展相结合的结构布局,以便能够适应生态文明村在每个不同的时期建设与发展的需要。

规划先行,规划内容需要做到全面,不但是乡村建设规划方面的单一规划,同时需要涉及未来快速发展、产业规划以及文化规划等多个内容。

规划先行,实际上就是决定该造就造、该改就改的方式,该复原的一定复原,绝不可以实行"一刀切"的方案。

规划先行,最为重要的就在于其可操作性、可实施性,及时建设好一大批配套齐全、设施完善、具有典型区域性特色与乡村特色的生态文明村与新小区。

(2)城乡统筹规划,促进农民增收原则

科学实施规划还需要着眼于城乡统筹发展,切实做到生态文明村建设和城乡发展之间的相互协调,形成一种城乡发展一体化的"复合系统",进一步促进长期稳定地从事一二三产业的乡村人口朝着城镇发展转移,合理而有效地促进城市文明朝着乡村不断发展延伸,营造出一种各

---

① 城乡统筹规划:"城乡统筹"字面上解释是"城""乡",在一定的时代背景中,互动发展,以实行"城""乡"发展双赢为目的发展格局,充分发挥工业对农业的支持和反哺作用、城市对乡村的辐射和带动作用,建立以工促农、以城带乡的长效机制,促进城乡协调发展。

具典型特色的城镇和乡村的发展格局,以便能够推动城乡间的协调同步发展。

乡村规划主要是工业化、城市化发展内涵的扩展与进一步延伸。生态文明村的科学规划主要体现于城乡"一盘棋",统筹兼顾、相互依存、相互融合。

二、乡村秩序治理

(一)乡村社会秩序的含义

社会秩序有广义和狭义之分。狭义的社会秩序指某种社会活动或活动场所中的规则和有规则的状态,如遵守交通规则。广义的社会秩序指社会共同体在运动、变化过程中,其内部各方面或社会关系的各方面相对平衡、稳定、和谐的发展状况。在这里,我们主要从广义上来理解乡村社会秩序,具体地说,乡村社会秩序指由乡村社会规范所确定和维护的村民与村民之间、农民与国家之间、农民与社会组织之间的关系得到确实遵守,从而形成有条不紊的有序的乡村秩序。

乡村社会秩序有四种类型:

(1)习俗秩序。习俗秩序是一种主要依靠社会习俗和习惯来维系的社会秩序类型。在一个相对封闭的社会中,人们在长期的社会生产和生活中形成了特定的风俗和习惯,并依靠这些风俗习惯来约束人们的行为,从而实现社会的规范有序。习俗秩序是传统社会形态中的社会秩序,但对现代社会仍然有一定的影响。

(2)道德秩序。道德秩序是一种主要依靠道德评判来评价人们的社会行为、调节人们的社会关系的社会秩序。与习俗相比,道德具有评价标准和评判作用,把人们的行为划分为善、恶两种,并对善行予以彰扬,对恶行予以惩戒。道德还有强大的教化功能,它被社会成员接受和内化后,便成为社会成员行动的准则,以此来实现对社会秩序的有效维护。随着社会的发展,道德的内容和标准也在不断改变,在社会变动较大的时候,较容易出现"礼崩乐坏"的情况,从而造成社会的不稳定。

(3)制度秩序。秩序是依靠组织规章制度和组织纪律来保证组织实体有序运转的社会秩序。随着乡村生产力的提高,社会分工不断扩大,人们之间的社会关系发生了较大的改变,习俗和道德已经不足以调节人们的社会关系。在这种情况下,需要用一整套规章制度来约束乡村居民并调整人们之间的关系。

（4）法律秩序。法律秩序是主要依靠法律规范来维持社会有序运转的社会秩序。在现代社会中，为了保证社会的正常运转，国家制定了完备的法律法规体系来调节社会主体之间的关系。任何社会成员的行为都必须在法律法规规定的范围和限度内，超出允许范围的行为就会受到强制制裁。法律秩序是现代社会追求的目标。

对社会秩序类型的划分是相对的，各种类型之间并不是一种排斥关系，而是相互包含的关系。事实上，由于各地社会发展水平不同、历史文化背景不同，社会秩序不可能呈现出一种统一的状态。因此，需要综合运用各种秩序的维系力量，尤其是要加大立法、知法、执法、守法的力度，才能保证良好的社会秩序，并实现社会秩序的维系向法律秩序转变。

（二）乡村社会秩序的管理手段

改革开放以来，随着乡村社会经济的发展，乡村居民文化水平和法制意识有了一定程度的提高，遵法守法已成为大多数乡村居民的自觉行为。但是，由于历史、文化、制度各方面的原因，乡村社会秩序建构也面临着一些障碍因素。首先，城乡二元社会经济结构强化了对农民的控制，损害了农民的经济利益，引起了农民的不满情绪。其次，基层政府未能及时转变职能，为农民提供公共产品和公共服务，导致乡村干群关系紧张。最后，传统文化中消极因素重新复活，影响了农民的观念和行为，造成农民行为的偏离，对现有乡村社会秩序造成了较大的危害。因此，在消除乡村发展障碍的基础上，要综合运用政治、经济、文化、法律、行政等各种手段实现对乡村的有效管理，维护乡村社会的稳定。

（1）经济手段。经济控制是乡村社会事业管理的基础。在市场经济条件下，总有一些人唯利是图，因此采用经济手段、经济法规去评价和规范人们或社会组织的行为，奖善惩恶，是一种必要的手段。

（2）政治手段。政治控制处于乡村社会事业管理的主导地位。政治控制手段的主要形式有政权、法律、政策、纪律等，不论其年龄、性别、民族、文化、职业，无一例外都要遵守，并带有强制的性质。

（3）习俗、道德手段。习俗、道德控制是乡村社会事业管理的传统方法。习俗已不是社会控制的主要方式，但习俗的作用是普遍存在的，任何人都不可能不受习俗的影响。习俗控制，一不靠明文规定，二不靠行政命令，三不靠组织手段，它主要是靠千百年来逐渐形成的共同的社会心理，以及舆论的力量来发挥起控制作用。道德是人们评价判断是非、善恶、美丑的一种观念性标准。道德对村民行为具有一定的调整和控制范围,是法律控制的必要补充和重要基础。

(4)舆论手段。社会舆论是乡村社会事业管理的核心。舆论是指多数人对社会生活中有争议的事件发表的有一定倾向的议论、意见和看法。社会舆论是蕴藏在人们思想深处的共同心理倾向,无形无体,却是一种巨大的精神力量,对社会成员的价值取向和行为方式产生很大的影响。它的控制作用机制是通过广为传播的舆论,造成一种社会氛围,处于这种氛围中的社会成员自觉不自觉地服从舆论的导向与制约。

(5)文化手段。乡村社会事业管理还要依靠文化手段,包括教育、科学、文化艺术、新闻出版、广播、影视、影像、卫生、体育、图书馆、博物馆等各个部门的活动对村民的行为的影响和约束。它主要以教育宣传、说服疏导、潜移默化等方式为村民创造一个良好的社会文化环境,从而达到社会事业管理的目的。

1. 乡村法治化建设

中国传统乡村基本上是一个习俗社会。作为行为规范和价值准则的习俗,往往指导着乡村居民在日常社会生活中应该做什么和不应该做什么,哪些行为是被提倡的而哪些行为是被禁止的。但是,习俗是一种不成文的规范,在管理中难以量化,管理者与被管理者之间的关系受到血缘和地缘因素的影响,而且传统习俗中残留着很多不健康和不科学的成分,与乡村市场经济的发展和农民现代意识的成长是不相适应的。另外,在日益复杂化和多样化的人际互动和社会关系中,乡村社会事业管理的内容繁多、职能宽泛,法制提供了人们处理彼此关系的基本准则,确保了乡村社会的有序运行和良性发展。因此,在乡村社会事业管理中,树立法制观念,由习俗社会向法治社会转变是乡村社会经济发展和乡村管理的发展方向,也是建设社会主义新农村的客观要求。

(1)加强法制教育,增强法制观念。农民法制观念的状况关系到乡村法治化进程,也关系到乡村社会秩序的维护乃至依法治国方略的落实。新中国成立以来,我国乡村法制建设从无到有、从不健全到逐步健全,农民的法制观念逐渐增强。但是,从乡村发展与法制建设的要求来看,乡村法律体系还不够健全,一些法律的内容不够完备;在法律的宣传教育方面力度不够,许多农民不懂法、不守法、不能正确用法;在执法监督方面比较薄弱,有的执法主体的执法行为不规范,有的执法单位滥用执法权等,导致农民对法律的认识程度不高,法制观念不强。因此,必须采取切实有效的措施,强化村民的法制观念。

第一,进行普法教育,确立村民法律信仰。法律信仰是农民对法律的心理状态和对法律的行为认同,它对于培育农民积极的法律心理、法制观念以及依法行为有着基础性的作用。

第二,加强道德教育,培养法治文化传统。提高农民道德水平,就可以自觉地抵制封建传统的伦理观念和宗族活动,自觉地扶正祛邪、扬善惩恶,自觉地遵纪守法、营造良好的社会风气,从而促进法治意识的增强。

第三,完善乡村法律体系,打牢法治基础。加强立法,使农民的各种权力和利益能从法律中得到保护,能感受到法律的价值和带来的权利和利益,这是农民法治意识增强的基础性工作。

第四,严格执法,增强法治实现的信心。严格执法,改进执法的水平,特别是领导干部要以遵纪守法、依法办事的表率作用影响村民,给村民树立学法、守法的榜样,以树立法律权威,提高法律威严,这样村民才能相信法律,树立法制观念,增强法治实现的信心。

(2)强化法律体系,实行依法治村。建立乡村法律体系,是指建立由不同类别、不同层次、结构合理有序地调整乡村政治、经济、文化和社会生活等多方面的法律规范体系。

第一,完善以村民自治为核心的基层民主政治法律体系。其包括确立村民自治宪法地位,修订《村民委员会组织法》,建立与《村民委员会组织法》相配套的单项法规,制定村民自治法。

第二,完善以保护村民合法权益为核心的乡村经济法律体系。为适应当前乡村社会经济发展的新形势,需要制定一系列既适应社会主义市场经济规律,又能理顺农业生产和再生产活动中各种经济管理、协作关系的法律法规,建立比较完善的乡村经济法律体系。主要包括:维护国家承包经营为基础、统分结合的双层经营体制以及土地使用权的规范;保障集体经济组织和村民、承包经营户、联产或者合伙的合法的财产权和其他合法的权利和利益的规范;乡村多种形式的合作经济和其他经济组织的规范;农业投资、农业信贷规范;农产品交易、购销、价格规范;农业自然资源和环境保护规范;乡村税费和农民提留统筹规范;发展农业科技、教育、文化方面的规范等。

2.乡村治安管理

治安管理是保证社会稳定的重要工作,目的在于维护人们的正当权益和社会秩序,使人们的生产、生活得以正常进行。乡村的治安管理机构是设在乡镇的公安派出所,派出所有民警数人,负责乡镇行政区内的社会

第五章　乡村治理的要素分析

治安。在村委会中有治保主任，负责村内的治安和保卫。乡镇党委有一名副书记负责分管这项工作。

（1）乡村治安管理的主要内容。就乡村而言，公安部门直接进行的治安管理主要有以下内容。

第一，民用危险品管理，主要包括枪支、弹药、管制刀具以及爆炸性、易燃性、毒害性、腐蚀性物品等。

第二，户政管理，包括户口登记、人口管理、人口调查和人口档案、统计，居民身份证的申领、换领、补领和使用管理等。

第三，道路交通管理，包括交通安全管理、驾驶人员和车辆管理，违章、事故处理等。

第四，消防管理，包括建立消防规章制度，开展防火宣传教育，制止各种违反消防安全规章制度的行为，组织村民义务消防训练和灭火安全检查，督促整改火险隐患等。

第五，办理治安案件，对发生的治安案件进行调查、处理，对违反治安管理行为的人员依法进行处罚。

第六，开展安全防范和对违法人员管理，组织群众和治保组织，做好以防火、防盗、防抢、防破坏、防治安灾害事故为内容的安全防范工作；对有违法或轻微犯罪人员进行帮助教育；做好对依法被判处管制、剥夺政治权利、假释、缓刑、保外就医、监视居住的罪犯的教育、监督、改造工作。

（2）乡村治保组织的主要任务。乡村治保组织是群众性的治安保卫组织。乡村治保组织在进行法制宣传教育、打击犯罪活动、维护社会秩序等方面起着十分重要的作用。为了适应新时期的需要，必须不断健全和加强乡村治保组织，努力提高其战斗力，使之发挥出更大的作用。

维护社会治安是人民政府的职责。但社会治安与群众紧密相关，村委会作为基层群众性自治组织，也有责任协助政府维护社会治安，具体工作由村委会下设的治安保卫委员会负责。根据治保会组织条例规定，乡村治保组织的主要任务如下。

第一，要广泛开展法制宣传和教育工作，使村民懂得国家的法律允许做什么、禁止做什么；哪些行为是正当的，哪些行为是违法的，提高村民的法律意识和法制观念。

第二，协助公安保卫机关，向群众进行法制宣传，提高群众的革命警惕性和遵守国家政策法令的自觉性。

第三，发动和组织群众进行防特、防盗、防火、防治安灾害事故的"四防"，维护公共秩序。

第四,揭发、检举反革命分子及其他刑事犯罪分子,发现刑事和治安违法案件后,及时向公安机关报告,并协助公安机关保护现场,为侦破案件提供线索等。

第五,管制犯罪分子,帮助教育违法和轻微犯罪的人员。

3. 民间纠纷调解

近年来,随着我国乡村经济的发展和乡村社会结构的转型,人们思想意识观念发生了很大的变化,民间纠纷越来越多。如何化解乡村民间纠纷,也是乡村社会秩序管理工作中一个重要内容。

民间纠纷是指村民之间有关人身、财产权益方面的纠纷和其他日常生活中发生的纠纷。主要包括婚姻、家庭、债务、宅基地、水源、地界、收养、赡养、继承、赔偿等方面的纠纷,以及由于轻微的侵占、伤害、打架斗殴、小偷小摸、欺诈、轻微虐待等轻微违法行为而引起的纠纷。

村民之间发生的这些纠纷,并不是根本利益的对立和冲突,往往是因为某种局部或者暂时的利益引起的纠纷,与有着根本利益对立和冲突的刑事案件是不同的。但如果不及时调解,或者调解不当,会引起矛盾激化,由口角转化为刑事案件。因此,及时调解和妥善处理民间纠纷非常重要。如何调解呢?有两种方式。一种是民间调解。村民们在日常生活中如果发生纠纷,村委会成员或者邻居好友劝说诱导,化解矛盾,平息纠纷。另一种是行政调解。由与纠纷相关的地方管理部门进行调解,包括县和乡镇有关职能部门。比如,发生土地纠纷,就要到土地管理所请求处理等。

现阶段,由于农民法制意识淡薄,加上传统的乡土意识,农民之间发生纠纷后,多是通过群众性的自治组织——人民调解委员会加以解决。

人民调解制度是依法设立的群众性的自治组织,采用民间调解方式解决民间纠纷的一项具有中国特色的法律制度。通俗来说,人民调解制度就是在民间发生了纠纷时,不经诉讼,不上法院,由本地群众性调解组织——人民调解委员会依照国家法律、政策以及社会主义道德、习俗,在基层人民政府和基层人民法院的指导下,弄清是非曲直,进行耐心细致的说服工作,教育纠纷当事人双方互谅互让,自愿达成协议,消除隔阂,不伤感情,从而及时解决纠纷。

(1) 乡村人民调解制度的组织机构。我国乡村调解组织主要有三级机构。一是镇调解中心。其职责是依法解决干群矛盾和各种热点、难点问题,调处民间纠纷;指导村级调委会的工作;解决跨地区、跨行业的矛盾纠纷;开展各种形式的普法、法制宣传教育;解决矛盾纠纷,设立协调方案,调防结合,落实协调措施;承办上级交办的疑难问题,确保把问题解决在本乡镇内。二是管区调解站。其职责是疏导处理村干部矛盾、村与村之间的矛盾纠纷以及村调委会难以处理的问题；负责普法教育和依法治理工作，组织排查本管区矛盾纠纷，指导村委会工作，及时向乡镇民情恳谈中心反映情况，汇报工作。三是村调解委员会。其职责是排查预防、跟踪监控、处理一般性的邻里纠纷、耕地纠纷、宅基地纠纷、婚姻家庭纠纷等问题，避免事态扩大，及时向管区司法调解民情恳谈站和镇司法调解民情恳谈中心反馈信息，负责普法教育和依法治理工作。

（2）调解纠纷的基本原则。调解纠纷时，必须遵循一些基本原则或准则。一是要依法调解。纠纷当事人对纠纷的是非曲直各有各的看法，各有各的理由，衡量和评判的依据只能是法律、法规、规章和政策。只有以法律为根据，以事实为准绳，才能明辨是非，才能使双方当事人接受调解的结果。二是要在双方当事人自愿平等的基础上进行调解。不论纠纷如何解决，都必须出于双方当事人的自觉自愿。在没有做通双方当事人思想工作的情况下，不能勉强达成协议。因为勉强达成协议，表面上解决纠纷，实际上没有解决，事后容易出现反复。三是要尊重当事人的诉讼权利，不能把调解视为起诉的必经程序，从而侵犯了公民享有的诉讼权利。如果经过反复调解，仍然不能达成协议，可以告知当事人向人民法院起诉。

（3）调解纠纷的方法。调解纠纷主要有直接调解、间接调解、公开调解、联合调解等形式。

直接调解，就是调解人员直接将双方当事人召集在一起，主持调解他们之间的纠纷。这种形式适合情节比较简单的纠纷，矛盾冲突关系只限于双方当事人之间的纠纷，以及涉及当事人隐私或其他不宜扩散的纠纷。

间接调解有两层含义：一是针对某些积怨很深、难度很大的纠纷，动员当事人的亲属、朋友的力量，共同做好当事人思想转化工作；二是当纠纷出现时，不是直接找当事人谈，而是找给当事人做主的幕后人谈，先解决好幕后人员的思想认识，然后让幕后人去做当事人的思想工作。这是调解委员会在工作中经常运用的一种调解形式。

公开调解，就是邀请当地或者单位的群众代表，以及当事人的亲属、朋友参加调解，共同来做当事人的思想工作。这种方法主要用于调解那些涉及广、影响大、当事人有严重过错的纠纷。公开调解对广大群众有教育示范作用，能起到调解一件、教育一片的作用。

联合调解，就是调解委员会主动联系其他地区或其他部门的调解组织、群众团体、政府有关部门甚至司法机关，相互配合，协同作战，对纠纷实行联合调解。这种形式主要用于调解那些跨地区、跨单位、跨行业的纠纷。

（4）乡村调解工作中应当注意的问题。调解纠纷,应当查明事实,分清是非,在此基础上进行说理、疏导,以消除当事人之间的隔阂,达成和解协议。

调解纠纷应当进行登记,制作笔录,根据需要或者当事人的请求,制作调解协议书。调解协议书应当有双方当事人和调解人的签名,并加盖人民调解委员会的印章。

人民调解委员会主持达成的调解协议,当事人应当履行。经过调解,当事人未达成协议或者达成协议后又后悔的,任何一方可以请求基层人民政府处理,也可以向人民法院起诉。基层人民政府对于人民调解委员会调解主持下达成的调解协议不符合法律、法规、规章和政策的,应当予以纠正。

注重保护当事人的合法权利。在现实生活中,普遍存在"和稀泥"式的调解,调解者往往把缓解矛盾、息事宁人作为优先考虑的目标,不但不鼓励当事人提出正当的权利主张,为达成和解,反而尽量压抑当事人的权利主张。当事人的权利意识一旦觉醒,可能会导致矛盾激化。因此,在调解过程中,要本着既解决纠纷,又保护当事人合法权利的原则。

提高调解组织成员的素质。目前,很多地方调解委员会成员年龄偏大、法律素质偏低,调僻多依靠对地方习俗的了解、纠纷解决的经验及自身的威信,不能从法律上对纠纷进行分析和判断。因此,应该加强对调解员的司法培训,以提高调解的质量,保证纠纷解决的公正与效率。

加强法院指导和司法审查,基层法院或法庭应当指导人民调解委员会的调解工作,并纠正人民调解委员会违反法律规定的调解。

需要指明的是,人民调解委员会调解民间纠纷是一种民间调解,不能收调解费。

第六章 乡村旅游规划与治理

乡村旅游是乡村经济转型新引擎、文化繁荣新舞台、环境优化新契机、市场秩序新要求、生活幸福新途径，符合乡村振兴战略对新时代农业乡村发展的总要求。乡村振兴战略亦为乡村旅游提供了政策利好，指明了发展重点。在乡村振兴的国家战略和宏伟蓝图中，旅游作为重要担当和助力，将会大有作为。本章就来分析和探讨新时代乡村旅游规划与治理。

第一节　乡村旅游及其技术支撑

一、乡村旅游

(一)乡村旅游发展的原因

由于技术进步,农业生产方式不断改进,农业劳动力需求下降,剩余农产品的不断增长,迫使政府采取措施限制农产品产量,许多乡村地区人口外移,乡村人口不断下降。伴随年轻人口的移出,乡村老龄化问题日益突出,导致了乡村服务业的萧条和乡村社区的衰落,农村问题凸显。另外,工业化也使城市人有逃避城市污染和快节奏生活方式的需要,他们渴望回归乡野。而乡村旅游具有增加经济收入和创造就业机会,调整乡村经济结构,促进农民思想观念转变的重要价值和作用。因此,许多国家都非常重视乡村旅游建设,他们加大对乡村旅游开发资金的投入,并制定了种种的有利政策引导乡村旅游的发展。国内乡村旅游发展的原因主要有如下几点:[①]

(1)国外借鉴。
(2)政府推动,实现旅游扶贫。
(3)市场驱动。
①向往田园风光,寻求一种回归自然的享受。
②暂时远离喧嚣的生活环境,并通过参与各种农事活动获得身心的放松和娱乐。
③扩大知识视野和陶冶情操。
④怀旧情结。
(4)资源驱动。交通便利,拥有独特的人文环境与自然风貌等。
(5)利益驱动。企业、社会组织或个人由于对乡村旅游的前景比较看好,选择将其作为投资渠道之一,进行乡村旅游开发建设活动。

---

① 陈秋华,曹辉,陈贵松.福建乡村旅游发展研究[M].北京:中国旅游出版社,2008.

第六章　乡村旅游规划与治理

（二）乡村旅游的相关内容

（1）乡村性

乡村性是游客所关注的、与都市风格不同的旅游资源特质，是吸引游客到来的决定性因素，是乡村旅游市场的卖点。关于乡村性的讨论，主要包括三个讨论点：①聚落形态：人口密度和住区规模；②经济状况：土地利用状况以及农业和林业的地位；③社会文化：传统社会结构、社区身份和遗产。

乡村性突出的地区，人口密度很低，居民点规模很小，而且相距很远。这些乡村地区存在着大片自然或半自然状态的荒野以及未开垦的土地，耕地和森林主宰着聚落环境，经济活动以农业和林业为主导。弗林（Flinn，1982）指出了美国三种体现乡村性的传统社会结构：①小城镇社会：紧密团结，坚信民主，但往往不与自然密切接触；②农业社会：以家庭农业、农场生活和季节活动为基础；③乡村主义者：生活在城镇之外，重视开放空间，尊重自然和自然规律。[1]

鲁滨孙（Robinson，1990）认为乡村性可以在一个滑动的尺度上进行评估，人口稀少的偏远地区是尺度的一个极端，而相反的极端为城市化地区。在这两个极端之间乡村性是渐变的，中间地带为城市最外边缘的郊区。[2]

乡村旅游发生于乡村地区，可以将其归纳为如下几点：①乡村空间辽阔，拥有自然资源和文化遗产的底蕴，具有传统社会特征；②乡村建筑和住区通常是小规模的；③乡村发展缓慢，且因为地理环境、历史文化和经济结构的不同而呈现出多样化的风格。

在辽阔的乡村地域，由于远离工业化的浸染和大规模的来客造访，其自然资源和文化遗产的底蕴深厚且保存相对完整。乡村地区人口密度较低，表现出环境宽松、风景宜人、祥和宁静的氛围。由于长期的区位经济弱势，现代科技渗透不充分，都市化的影响较弱，乡村地域往往具有传统社会的特征。由于自然禀赋存在差异、历史发展进程不同、文化积淀形式多样化，乡村社会客观存在差异性和多样性。乡村旅游不一定会体现出

---

[1] 王云才，郭焕成，徐辉林. 乡村旅游规划原理与方法[M]. 北京：科学出版社，2006.
[2] 陈慧，马丽卿. 基于游客感知的海岛乡村旅游产品开发研究——以舟山群岛为例[J]. 农村经济与科技，2017（05）.

完全的乡村性特征,因为城乡一体化使有些乡村地区显示出一些城市特征,故有些乡村旅游目的地将向大型城市度假村转变和发展。

"没有城市的城市文明"在美国日益发展,这源于受过教育的、独立工作的或退休的城市居民为寻求乡村性而在乡村环境生活。这些新到农村的人们直言不讳地表达了对乡村性保护的意愿,特别关注以农业、林业、公园和小规模定居点为主的景观乡村性。很多农村地区妇女缺少工作机会,而旅游业历来能够为女性劳动力提供较多的就业岗位。因此,对于寻求就业的农村妇女来说,乡村旅游具有特殊的重要性。

乡村是人类早期聚居地,在人类发展史上具有"家"的属性。乡村自然风貌和长期的农业社会活动形成了内涵丰富的旅游资源,即乡村自然资源和乡村人文资源。其所蕴含的乡村性特质,在历史的描述中和人们的脑海中形成概念意象,即乡村意象。它由乡村认知意象和乡村情感意象两部分组成。乡村意象是乡村旅游资源的文化印记和心理共识,是乡村性特质抽象化集成的印象。而乡村意象进一步促成了乡村依恋情怀,即乡村依赖和乡村认同。这种乡村依恋情怀在乡村旅游者的心理活动中形成了旅游需求,进而体现为城市人溯源农耕文化地域、亲缘、血缘关系的旅游动机。

通过上述分析可知,乡村性的保持和提炼对于提升乡村游客原真性体验、促进乡村旅游健康发展具有重要意义。

中国已经完成了脱贫攻坚目标任务,在具有良好的交通条件和旅游资源条件的乡村地域,村民更加关注如何通过乡村旅游阻止返贫,并获得持续的旅游产业收益。同时,都市居民在逆城市化思潮的影响下,更加关注和向往乡村地域良好的自然生态环境,并对其丰厚的历史文化和民俗风情怀有强烈的探究愿望。随着人们可自由支配收入的提高,在感知社会主义新农村崭新面貌的同时,乡村游客对乡村旅游管理水平和服务质量提出了更高的要求。乡村旅游发展将由规模扩张进入质量提升时期,乡村旅游产品能否在质量上满足乡村游客的需要,成为乡村旅游市场竞争的关键点。

(2)乡村旅游资源

19、20世纪的快速城市化产生了不同于农村"传统"社会的新社会结构,怀旧和逃避城市压力的动机使城市居民成为乡村旅游的重要客源。乡村"性格"保留了旧的生活方式和思维方式,正是这种残存的特征,加上乡村的风景价值和娱乐机会,吸引了来自城市地区的游客。乡村地区在很大程度上是自然界和野生动物的宝库,对于游客来说,这会给人一种空间的印象,一种传统的非城市、非工业经济的自然环境。世界遗产约70%

第六章 乡村旅游规划与治理

分布在乡村地域。在广袤的乡村,动植物种类繁多,自然风光、农业景观和聚落形态各具特色,农耕文化、传统文化、民俗文化和历史文化交相辉映,形成了丰富的乡村旅游资源。乡村旅游资源是发展乡村旅游业的吸引物,是吸引旅游者前来乡村地域进行旅游活动的因素,是乡村旅游供给的核心组成部分,它包括自然资源和人文资源两大类。乡村旅游凭借旅游资源和旅游设施提供旅游服务,具有乡村性的旅游资源、旅游设施和旅游服务是乡村旅游供给的三个重要组成部分。

（3）乡村旅游活动

在城市化问题日益突出的背景下,乡村旅游通常被认为能够满足日益增长的个性化旅游、原真性体验和传统文化认知的需求。教育水平不断提高、健康意识逐渐增强、交通运输的现代化以及乡村旅游设施相对完善等因素也促进了乡村旅游活动广泛开展,而乡村旅游的发展又对乡村地区社会、经济和文化的发展产生了积极影响。

尼尔森(Nilsson,2002)认为:乡村旅游包含多方面活动,农庄旅游是典型的乡村旅游。[1] 莱恩(Lane,1994)指出:农业旅游(agritourism)和农庄旅游(farm tourism)是乡村旅游(rural tourism)的重要组成部分,在欧洲德语区很多地方发展得很成功,受到农业部门和学术界的极大重视。在已面世的乡村旅游文献中,农业旅游和农庄旅游成为最大的、独特的分支。[2]

乡村旅游活动形式多样,除农业旅游和农庄旅游外,还包括生态旅游、康养旅游、体育旅游、研学旅游、艺术和遗产旅游。在民族地区,民族风情旅游成为游客关注的重点。和平、宁静和放松的乡村环境对乡村游客具有重要的意义。莱恩将假日活动分为三种,即典型的城市活动和度假活动、混合型假日活动、典型的乡村假日活动。

典型的城市活动和度假活动包括:城市观光、购物、高强度海滩度假、高强度下坡滑雪、城市遗产和文化假日活动、动物园游乐、健康度假、工业旅游、大型会展旅游、度假胜地活动、基于人工设施的大型体育赛事旅游等。

混合型假日活动包括:游泳、低等或中等强度海滩度假、中等强度下坡滑雪、需要半自然环境下人工设施的运动、烹饪和美食旅游、公众假期活动、环境保护假日活动、教育假期活动、文化节日活动、行业假期活动、露营、观光和旅游、中小型会展活动、航行和巡航、海上垂钓等。

---

[1] 王云才,郭焕成,徐辉林.乡村旅游规划原理与方法[M].北京:科学出版社,2006.
[2] 同上.

省级智慧旅游平台为基础,在数据库中添加乡村旅游的标签,在操作界面设计一个省级乡村智慧旅游的职能应用体系,就可以开发出一个能够满足省域内绝大多数乡村旅游业务需求的通用信息系统,从而达到以最少的资金投入形成乡村智慧旅游体系的目的。省级乡村智慧旅游体系的数据库是省级智慧旅游平台的一个有机组成部分,通过"乡村旅游"的标签进行数据提取之后,省级智慧旅游平台原有的四大职能,即智慧旅游政务、智慧旅游管理、智慧旅游营销与智慧旅游服务的操作界面就可以对应地转换为乡村智慧旅游四大职能的操作界面。省级乡村智慧旅游体系是一个功能齐全的通用模板系统,可以提供给多个不同行政级别的乡村旅游企业和管理部门重复使用。该系统具有乡村智慧旅游职能细分的可配置性,系统中的有些功能对某些用户来说可能是不需要的,不同的用户可以根据自身需要来定制或选择所需要的应用功能。

基于 SaaS 的乡村智慧旅游体系应具有强大的统计功能。在科学制定全省乡村旅游发展评价指标体系的基础上,乡村智慧旅游政务职能建设应明确要求各级用户及时上报统计数据,这样既可以对全省、各市和各县的乡村旅游经济数据进行汇总,也可以对各类型乡村旅游企业经济数据进行归类分析。

2. 全国智慧旅游平台的应用

基于 SaaS 的省级乡村智慧旅游体系要完全实现四大职能尚需要借助全国性智慧旅游平台的辅助。以营销职能的在线交易为例,利用全国知名的分销中介平台更容易促成交易;使用基于 GPS 的电子地图 APP,则可以顺利完成旅游交通导航。

由于交通运输的现代化及私家车拥有量的不断提高,自助游客成为乡村旅游市场的主力军。目前,自助游客经常使用的全国智慧旅游平台主要是旅游 OTA 形式,诸如携程、美团、大众点评,其服务涵盖了食、住、行、游、购、娱六方面旅游产品的预订与 O2O 销售。百度地图从最初的导航 APP 发展成为一个新型的 OTA 软件。百度地图发现周边的功能可以查询到周边的六要素旅游产品,还可筛选与排序,并且实现了酒店预订功能。电子地图 APP 在定位功能上依赖于 GPS 或者北斗导航定位技术,要求定位点有明确的坐标,如果坐标上传者附上坐标点企业的详细资料,如餐馆的介绍与图片,那么电子地图 APP 也会全部展示。而且,消费者可以在网上发表评价与图片,为人们的消费提供参考。所有的 OTA 无一例外地都嵌入了电子地图,以帮助消费者进行定位,故实现乡村智慧旅游的职能,上传地理坐标并完善乡村旅游企业推介的文字与图片,显得尤为重要。

关于是否需要建设省级OTA一直存有争议,笔者认为目前尚无必要。因为游客已经形成了借助全国知名OTA制订旅游计划与实施旅游消费的习惯,而且建设省级OTA需要完善其电子商务功能,需要建立呼叫中心来进行人工仲裁与辅助,运营成本太高。再者,省级OTA不如全国知名OTA运营专业且有规模效益,对于运营人才的吸引力也有限。故开展乡村智慧旅游建设,要在完善智慧管理的基础上树立品牌形象,再入驻知名OTA开展O2O交易,才可以有效开展智慧营销。关于是否需要建设省级电子商务平台来销售土特产品,也一直存有争议,笔者认为也无必要。除上述原因之外,实物性电子商务的开展需要第三方支付平台实现悬挂支付,以此保障顾客的利益。尽管开通第三方支付相对容易,如支付宝可以开放接口,但是店小二的仲裁机制在没有规模效益的前提下难以维系。我们可以看到,平遥牛肉和雁门清高在淘宝上的销售情况非常好,所谓好产品遇到好平台,智慧营销水到渠成。

相对城市公交,乡村旅游交通多有不便,许多乡村游客担心等不到或者错过旅游班车,草草结束行程去候车,不能够充分利用时间。"车来了""等车来"和"车等我"公交等车软件为乡村智慧旅游的交通服务提供了提升客户体验的机会。以"车来了"为例,它是由元光科技开发的一款查询公交车实时位置的手机软件。不仅能提供公交车的到站距离、预计到站时间,还能显示整条公交线路的通行状况,让用户不再盲目等待,有效缓解用户候车的不安全感,同时改变用户出行方式。"车来了"目前在实时公交领域APP排位全国第一,已经覆盖全国66个城市,服务4000万用户,能为公交出行人群每天节省约11分钟时间,2021年"车来了"将进军100个城市,同时用户实现倍数增长,用户量达到1亿。这样的软件可以应用于乡村智慧交通服务,旅游班车运营单位将车载GPS数据上传该APP即可实现,一方面满足了乡村游客的需要,另一方面也为乡村居民出行提供了便利。

3. 乡村景区的信息化建设

基于SaaS的省级乡村智慧旅游体系实质是政府主导的管控平台,它以一套软件满足了多层级多用户需求,且能不断开发新功能。这种多用户租用共享平台的模式无疑为市县级用户节省了机房建设和软件购买的费用。但是,乡村旅游企业的信息化建设仍然需要购置智能设施和配套软件。餐饮企业的智能设施投资较少,如电子平板菜单已经可以被微信电子菜单这样的小程序所取代,而其智能营销与智能服务较多依靠外部中介平台,如美团团购与外卖、百度周边服务与外卖。但是乡村景区的信游规划的空间范围不论是一个区域、一个旅游地,还是一个旅游点,区位对旅游规划产生作用的表现都是通过区位因子来实现的。这些因子主要包括社会、经济、人力、市场、交通、资源、自然等。在进行旅游规划的规程中,应努力寻求整体优势与区位优势,因为区位的好与坏能够在很大程度上决定游客进入旅游地的便捷性,同时影响旅游地的游客容量与游戏市场的大小,继而影响游客的访问量,以及旅游经济效益的高低。想要提高或发挥区位优势,旅游规划者在旅游规划的过程中应注重景点场所与旅游设施的选择,尽量提高游客的便捷性,让游客在旅游中缓解压力、放松心情,同时注意土地的有效利用与资源的有效保护,为旅游设施场所的选择与旅游产业布局提供保障。

区位理论对旅游发展战略的制定具有重要指导意义。区位条件的好坏直接影响旅游者旅游的方便程度、旅游市场规模和可进入性,从而决定了旅游开发建设的力度和旅游经济效益的大小。

区位理论在旅游规划中应用的首要问题就是如何界定旅游中心地。事实上,在一定的旅游区域范围内,旅游中心地是必然存在的。同时,这一旅游中心地在空间上会与周边旅游地之间存在信息服务、接待服务等关于旅游活动的联系,从而形成围绕旅游中心地的旅游地系统。受到地域规模的影响,不同的旅游地系统会有不同级别的旅游中心地、不同的市场范围以及不同的旅游中心地的均衡布局模式。

在界定旅游中心地方面,可将一定的标准作为依据,并进行判断,得出某一旅游中心地是否在该地区范围内。比如,某旅游地人均旅游收入在周边地区人均收入的占比较高;某旅游地推出的旅游服务或产品会被周边地区的大量客源市场所消费等。一般而言,旅游中心不仅有极为发达的交通,还会有内容丰富的旅游资源,因为这两个条件是成为旅游中心地的基本与必备条件。

旅游中心地的市场范围不是模糊的,是可以通过大致判断得出的。通常情况下,随着旅游地资源吸引力程度的不断提高,旅游地的影响范围会不断扩大。当然,旅游地的影响范围不仅受到旅游资源的影响,还会受到旅游中心地市场范围与旅游产业配套服务设施不同程度的影响。总体而言,旅游中心地的市场范围是有上限与下限的,即使多么受欢迎的旅游中心地,其承受能力始终有一个界限。

旅游中心地的市场范围上限,即由旅游业的生态环境、旅游业的经济容量与社会容量、旅游资源的吸引力共同决定的接待游客数量与客源市场范围。需要指出的是,上限值应在上述变量中的最小值以内。

对于旅游中心地的市场范围下限,可以采用克里斯泰勒理论进行表述。在克里斯泰勒理论中,有"门槛值"这一概念,即提供一定服务或生产一定产品所必需的最小需求量。这一概念同样适用于旅游地的研究,也就是旅游地必须提供最小需求量的旅游服务与旅游产品。

之所以在旅游规划的过程中需要考虑关于旅游产品开发的需求"门槛"问题,是因为只有通过投入大量的人力、物力、财力才能进行旅游产品的开发与推广,当市场对旅游产品的需求较低,进而导致经济效益下滑时,旅游区是难以实现规模化经营的,并且旅游活动成本会有所增加。在旅游产品成本的影响下,人们对旅游的需求会逐渐降低,最终造成恶性循环。

受到旅游地市场范围的影响,旅游地中心会有不同的等级划分。一般而言,级别高的旅游中心地指的是提供的旅游服务能够通过吸引将市场范围提高相当大程度的旅游地点,而级别低的旅游中心地能够提供的旅游服务的市场范围较小,相比之下吸引力较低。具体而言,高级别的旅游中心地提供的服务与产品具有质量好、品种全、功能多、档次高等特征,虽然价值相对较高,但也是在大多数人可承受的范围内;而级别低的旅游中心恰恰相反,所提供的服务与产品在质量、品种、功能、档次等方面都与高级别旅游中心地有一定差距,但胜在价格低廉。

由于不同的旅游中心地有不同的市场范围,就出现了一个地域范围可能有多个旅游中心地的问题,即旅游中心地的布局问题。怎样通过合理布局促进区域旅游在各个旅游中心地的协调配合下获得持续发展,是布局模式研究的重要课题之一。20世纪30年代,克里斯塔勒曾提出中心地理论[1],他认为,如果一个地区的市场作用明显,对于中心地的分布应以便于物质上的销售与服务为基本原则,也就是促进合理市场区域的形成。一般而言,通过市场最优原则的中心地分布,高级中心地提供服务的能力是低级中心地的三倍。

根据国内的相关实践研究,这种布局模式同样适用于区域旅游市场。在区域旅游中心地体系中,任何一个高级中心地都可以适当包含一个或几个低级、中级的中心地。

2. 集聚经济理论

根据集聚经济理论,当产业在地理上提高有效集中程度时,就能够获

---

[1] 中心地理论:是由德国城市地理学家克里斯塔勒和德国经济学家廖什分别于1933年和1940年提出的,20世纪50年代起开始流行于英语国家,之后传播到其他国家,被认为是20世纪人文地理学最重要的贡献之一。它是研究城市群和城市化的基础理论之一,也是西方马克思主义地理学的建立基础之一。

得集聚经济效益。在社会经济发展的过程中,生产方面或分配方面有着较为密切的联系,通过将指向相同的产业以合理的比例布局在特定的区域中,随着这一区域优势的提高,有助于区域生产系统的形成。在区域生产系统内,由于企业与企业之间具有较高的关联性,通过相互作用,各个企业的外部发展环境都会得到不同程度的改变,并因此获得更好的发展。

对于一些著名的旅游区,虽然自身资源的价值较高,但可能受到游玩时间短、面积少、个体小等因素的影响,对游客的吸引力不高。这时就要联合周边旅游地或旅游点,通过共同的开发建设,提高整体性,以提高对游客的吸引力,最终形成集聚经济效益。一般而言,旅游集中发展的地区不仅能够提供多种旅游服务,还能提供较多游览、观光、娱乐的地点,并且土地利用率较高,土地的价值能够充分发挥出来。总之,旅游产业聚集布局产生的效益主要表现在以下五个方面。

第一,旅游产业集中布局,会提高吸引物的多样性,游客会因此有更长的滞留时间,进而提高旅游服务部分的经济效益;同时,能够提高区域旅游经济增长的稳定性,并且有助于大型或综合性旅游产生的形成。

第二,旅游产业集中布局,可以提高基础设施的有效使用程度,达到降低成本的目的。随着旅游业的不断深化发展与国民经济的不断提高,旅游市场规模越来越大,关于旅游的项目、商铺等能够更好地生存并发展。根据实际情况,在消费者充足的前提下,如果宾馆、饭店等相邻布局,更易于形成市场规模营销优势。

第三,旅游产业集中布局,能够提高旅游业相关设施的规整性,不仅在一定程度上保证了自然景观的自然性不受到干扰,而且有助于形成主体形象,能够更好地在促销活动中获得规模效应。

第四,旅游产业集中布局,便于对污染物进行集中处理,使旅游环境得到更好的保护,免遭因意外情况造成的破坏。

第五,旅游产业集中布局,在使用旅游基础设施的过程中,不仅方便了游客,而且让当地人从中受益。当地人在使用基础设施的同时,能够提高与游客交流的便捷性,通过相互之间的交流,游客能够加深对当地文化的认识,受到更多的吸引。

需要指出的是,事物的发展是需要通过不断实践的,在对旅游进行具体规划的过程中,采取中心布局,或是分散布局,都需要以旅游承载力为前提与基础,并充分考虑社会承载力、自然资源承载力、管理承载力等。当旅游产业集中时,虽然会产生集聚经济效益,促进旅游业的发展,但也会因"集聚"导致交通拥挤、供水不足、供电不足、土地价值上涨、环境污染加剧等各种问题的发生。因此,需要提前对旅游产业进行合理规划与布局,以最大程度地避免各种消极实践的涌现,在获取集聚经济效益的同时,为当地旅游环境建设出一份力。

二、乡村旅游开发

乡村旅游开发模式的分类可从四个视角来分析,一是乡村旅游的地理区位,二是乡村旅游的资源内涵,三是乡村旅游的组织结构。

(一)从地理区位划分

1. 城市依托型

城市依托型乡村旅游指的是乡村依托大城市发展旅游业,将大城市居民作为主要客源,乡村旅游重点为大城市居民服务的发展模式。环城市乡村旅游依托于城市的区位优势和市场优势,在城乡接合部和环城市区域发展具有观光、休闲、度假、娱乐、康体、运动、教育等功能的乡村旅游产业,形成规模化的环城市乡村旅游圈。城市依托型乡村旅游与现代农业、休闲度假和乡村商业三大产业集群密切结合,形成了"1+3"发展模式。[①] 目前国内发展较好的有北京、杭州、成都等城市的近郊乡村旅游,这些乡村旅游项目有的依托当地独特的自然风光,有的以特色农业或者农家乐为主题来吸引大城市游客。城市依托型乡村旅游模式的优点在于拥有稳定的客源,交通便利,可以说是发展最为成熟、市场潜力最大的一种乡村旅游模式。环城市乡村旅游是最为典型的城市依托型乡村旅游发展模式。

2. 景区依托型

具有市场规模的成熟景区是旅游业发展的亮点,周边乡村依托其客源市场的多样化需求,可以开展相关旅游服务供给,从而形成景区依托型的乡村旅游开发模式。农家乐是最为典型的景区依托型乡村旅游发展模式。景区依托型乡村旅游依托景区的旅游资源吸引力、品牌形象、交通网络、旅游线路和规模市场,提供餐饮、住宿、交通、向导、购物和休闲娱乐服务,以多样化服务、灵活的经营方式和弹性的价格机制获得了乡村游客的

---

① 郝芳. 旅游美学视野下的乡村旅游发展研究[M]. 北京:北京工业大学出版社,2019.

青睐,带动了乡村经济的发展。在景区开发的带动下,周边从事乡村旅游的民众往往具有较强的旅游服务意识和旅游职业认同。随着乡村旅游管理水平日渐提高,景区依托型乡村旅游业逐步认识到科学规划的重要性,将自身的发展与景区的发展密切联系起来,制订了乡村旅游发展规划,与景区开发协同发展。景区在景观建设和交通设施上的刚性投资较多,但鉴于淡旺季的客观存在,游客流量具有不稳定性,在住宿与餐饮上的投资应具有均衡性,以防止淡季的供给闲置。在景区经营的旺季,旅游供给的不足往往由周边乡村旅游来弥补。景区依托型乡村旅游的田园风光和民俗风情也往往是景区所不具备的,于是在旅游供给方面与景区形成了产品互补关系,因需求的存在而进一步发展。

3. 偏远地区型

偏远地区型乡村旅游即远离都市的偏远乡村地区利用旅游资源的原真性和特殊性开展旅游业务,并与国家旅游扶贫政策相耦合的乡村旅游开发模式。这种类型的乡村旅游大多区位偏远,交通条件不便。偏远地区历史上长期的经济弱势,人口密度极低,外来访客较少,也正因为如此,这些地域生态资源无破坏、人文资源无干扰,自然景观壮美辽阔,乡风民俗保持了古朴气息和文化底蕴,对于那些逆城市化的践行者和热衷于异地异质文化的探寻者来说,具有一定的吸引力。加之国家产业扶贫政策的介入,这些地域的交通条件和基础设施建设逐步完善,形成了初步的旅游接待条件。偏远乡村地区可以利用古村落、古建筑、民俗风情、红色遗迹、历史遗址、田园风光、青山绿水和现代扶贫产业,把旅游与农业、体育、研学活动相融合,开展田园旅游、休闲农业、体育旅游、民俗旅游和研学旅游活动,形成农家乐、家庭农场和休闲农庄等多种旅游业态。大力开发绿色农产品与当地非物质文化遗产为特色的文创衍生品,让乡村旅游产品成为当地乡村风物的展示台,有效提高当地村民收入。在目的地建设的策略层面上,应当把田园理想和社区建设相融合,构建"居民空间+商业空间+休闲空间",留住乡愁、惠及民生、构建美丽、创造幸福,推进乡村振兴。

(二)从资源内涵划分

1. 农业依托型

农业依托型乡村旅游是指乡村依托当地农业内涵及表现形式进行旅游开发的模式,它适用于农业产业规模效益显著的地区,以产业化程度极

第六章　乡村旅游规划与治理

高的优势农业为依托,以特色农业的大地景观、加工工艺和产品体系作为旅游吸引物,开发"农业+旅游"产品组合,开发深度观光、休闲、体验等旅游产品,带动餐饮、住宿、购物、娱乐等产业,促进农业向二三产业延伸,实现乡村农业与乡村旅游的协同发展,产生强大的产业经济协同效益。

例如,江西省婺源县篁岭在田园景观型发展道路上,走出了"花海+乡村旅游"发展模式。婺源篁岭旅游特色小镇以油菜花海著称,有"最美乡村最美景致"之称,其"篁岭模式"备受关注。篁岭在打造乡村旅游特色小镇的过程中,对观光休闲体验产品做了整体的规划与开发。篁岭旅游特色小镇在四周千亩梯田打造四季花谷,并以两个月为周期更换主题,营造气势恢宏的大地花海景观,在缆车入镇的过程中,乡村游客满眼皆是锦绣风光。小镇内部也多方位营造花卉景观,并在阶梯布局的民居建筑之上展现"晒秋"的色彩。在"花海"的主题之下开辟了一条商业街道,以古朴的建筑风貌作为旅游购物和餐饮消费的背景。值得关注的是,农业科技在现代乡村旅游发展中发挥着重要作用。比如,北京市顺义的科技农业示范区,不但可以参观游览,还可以体验高科技与农业相结合的创意农业旅游,如花卉的培育和景观配置。农业科技示范园区开创了高科技农业生态旅游模式。

2. 历史依托型

历史依托型乡村旅游是指乡村地域依托乡村聚落景观、乡村建筑景观及其蕴含的文化精神进行旅游开发的模式。古村镇旅游是典型的历史依托型乡村旅游。古村镇具有古朴的建筑格局和建筑形式,以及丰富的历史文化内涵,具有重要的旅游资源价值。古镇旅游开发分为两大类,一是开放式,二是封闭式。开放式的,如陕西省礼泉县烟霞镇的袁家村,入园不收门票,依托西安都市圈的客源市场,采取村集体集约管理形式,以丰富的次级旅游项目获取收益,其特色饮食、乡村客栈、旅游购物和演艺项目成为村集体的主要收入来源。封闭式的,如浙江省嘉兴市桐乡市乌镇的模式,把乌镇当作景区去打造,入园收取门票,以支撑维护古建筑、保护历史文化遗存的相关费用,同时景区内的次级消费项目也成为收入来源。古村镇乡村旅游以其深厚的文化底蕴、淳朴的民风和古香古色的建筑遗迹等受到游客的喜爱。但是,旅游发展中保护与开发之间的矛盾,文化传承与资源商业化的博弈等,也成为景区开发中的突出问题。古村镇开发应关注保持和维护资源的原真性,在保护前提下进行合理开发。

3. 民俗依托型

民俗依托型乡村旅游是指乡村地域依托乡村民族民俗文化、乡村制度文化和乡村精神文化进行旅游开发的模式。民俗依托型乡村旅游将乡村旅游与文化旅游紧密结合，乡村文化活化展现是民俗依托型乡村旅游成功的关键。民俗依托型乡村旅游具有文化原真性、体验参与性，以及浓郁的民俗风情等特点。民族民俗文化是特定地域乡村居民和民族的生活习惯和风土人情，是传统的乡村民俗文化和民族文化长期积淀的结果，既有物质的形态，也有抽象的内容。所蕴含的生产民俗、流通民俗、消费民俗、游艺民俗、信仰民俗、历法节日民俗等，都为民俗旅游提供了发展空间。在少数民族风情浓郁的地区，常采取这种民俗依托型的模式，并逐渐成为少数民族聚集区经济发展中的旅游亮点和新的增长点，得到当地政府的大力支持。广义的民族民俗风情还包括乡村制度文化和乡村精神文化，这些也成为乡村民俗旅游的资源依托。例如，陕西省西安市灞桥区的白鹿景区整合区域文化资源，以保护和传承地方特色为目的，以乡村制度文化和乡村精神文化体验为核心，通过高水平的规划和精心的院落建筑设计，营造民俗文化历史场景，配合美食、互动、体验、演艺，打造出全方位的传统民俗文化体验地。

（三）从组织结构划分

1. 个体农庄

现代农业科技和现代经营理念促进了个体规模农业发展，在此基础上，个体农庄的乡村旅游开发模式表现为，在原有的农、林、牧、副、渔产业基础上开发旅游吸引物，进行旅游设施建设，设计具有乡村性的旅游产品，从而形成了具有完整接待能力的乡村旅游景点。个体农庄的发展，吸纳了附近大量闲散劳动力，将休闲农业融合到旅游服务业中，初步实现了一、二、三产业的融合发展。个体农庄多采用轻资产的自主运营形式，投资少、见效快、回报高，拓展了乡村土地升值空间。

2. 村办企业

村办企业的乡村旅游开发模式是自然村或行政村的"村有企业"开发、经营和管理的模式，实际控制主体是村委会。在这种模式下，村集体开发经营的自主性能够充分体现，村民参与度和积极性较高；在乡村旅游

第六章 乡村旅游规划与治理

规划和开发的过程中能够把体现当地乡风民俗的地域特色保留下来,突出乡村旅游资源的独特性和吸引力;管理者与村民具有利益的内在一致性,在思想观念、生活方式、文化认同等方面的冲突也比较少,在先进经营理念的指导下,可以促进沟通协作,提高经营管理效率。

3. 整体租赁

整体租赁的乡村旅游开发模式是指将乡村旅游的所有权与经营权分开,授权给一家旅游企业进行较长时间的经营管理,按约定比例由村集体所有者和旅游企业经营者共同分享经营收益。承租旅游企业独立经营、自负盈亏,实施成片租赁开发,进行垄断性建设、经营、管理,定期缴纳承包运营费用。租赁模式可以充分发挥承包旅游企业在资金、市场、经营、管理方面的优势,从而提升乡村旅游的市场竞争力,推动乡村旅游高质量和内涵式发展。

4. 农户 + 农户

"农户 + 农户"的乡村旅游开发模式是乡村旅游发展初期经常出现的经营模式。乡村旅游开发初期,农民对外来经营单位心存疑虑,不愿将资本和土地交给企业进行管理,他们更愿意采用农户协作的经营方式,逐渐形成了"农户 + 农户"的乡村旅游开发模式。这种模式的经营方式机动灵活,资金投入比较少,且能够保留乡村旅游资源的原真性,乡村游客以较少的支出就能体验到当地的风土人情。但这种模式不易形成旅游规模经济,适合乡村旅游发展初期,只能满足少量旅游供给。

5. 公司 + 农户

"公司 + 农户"的乡村旅游开发模式是指由乡村旅游开发公司和农户签订契约,农户负责提供旅游服务,公司负责旅游市场运营的开发模式。它激发了当地村民旅游致富的热情,把传统农业的生产、加工、销售有机结合起来并植入旅游业,把农户和乡村旅游市场联系起来,不仅有利于促进乡村生产力的发展,而且有利于提高村民文化素质和服务能力,促进了乡村人居环境和旅游设施建设,有效提升了乡村旅游业的经营管理水平。

6. 社区 + 公司 + 农户

"社区 + 公司 + 农户"的乡村旅游开发模式是"公司 + 农户"的升级版。"社区 + 公司 + 农户"模式中的"社区"是指作为社区代表的自然村(行政村)的村委会,或者乡村旅游协会。"公司"是指村办旅游企业,或者外来旅游企业。"农户"是具体的服务单元。在这种模式下,社区村委会决定乡村旅游开发重大事宜并协调公司与农户的关系,旅游企业负责乡村旅游经营管理,农户提供乡村旅游服务。社区、公司、农户三者职责明确,利益分配均衡。

7. 政府+公司+旅游协会+旅行社

"政府+公司+旅游协会+旅行社"的乡村旅游开发模式适用于大规模乡村旅游业,它将诸多主体融入乡村旅游产业链条,发挥各方优势,合理分配利益,从而促进乡村旅游的可持续发展。在这种模式下,政府主导乡村旅游规划和基础设施建设,优化乡村旅游发展环境;公司负责乡村旅游的商业运作,提升乡村旅游目的地的经营管理水平;农民旅游协会组织农民提供旅游商品和旅游服务,协调村民与公司的利益;旅行社规划旅游线路,通过媒体开拓市场、组织客源。

第三节 乡村旅游资源开发

一、旅游资源

旅游资源是旅游业发展的基础,是推动旅游者在空间上移动的主要吸引物。我国旅游资源非常丰富,具有广阔的开发前景。随着旅游业的发展,能够吸引旅游者外出旅游的资源越来越多,资源范围不断扩大,很多我们原来忽略的要素,如城市形象、环境氛围、城市地位、当地人好客程度、当地人精神面貌等都显示出对旅游者的强大吸引力。所以,在新时期我们应该有更为广阔的旅游资源观,从旅游者的需求出发,重视现状的、潜在的、正在形成的旅游资源。[①]

国家旅游局在《旅游资源分类、调查与评价》中认为旅游资源是:自然界和人类社会凡能对旅游者产生吸引力,可以被旅游业开发利用,并可产生经济效益、社会效益和环境效益的各种事物和因素。

---

① 蒙睿,周鸿.乡村生态旅游:理论与实践[M].北京:中国环境科学出版社,2007.

二、乡村旅游资源分类

（一）乡村旅游资源的基本分类

乡村旅游资源的基本分类是从人文地理学角度来阐释的,可分为乡村自然旅游资源、乡村人文旅游资源和乡村衍生旅游资源。

1. 乡村自然旅游资源

乡村自然旅游资源包括：乡村地质地貌、乡村水域风光、乡村气候气象和乡村生物景观。

（1）乡村地质地貌包括：地质构造、岩石、化石、地壳运动遗迹、海岸地貌、山岳地貌、岩溶地貌、沙漠和草原地貌等。

（2）乡村水域风光包括：江河湖泊、瀑布溪涧、温泉、海域等风景。

（3）乡村气候气象包括：云雾、雨景、冰雪景、云霞、旭日、夕阳、日晕等景观。

（4）乡村生物景观包括：植物景观和动物景观。

2. 乡村人文旅游资源

乡村人文旅游资源是乡村地域文化的积淀,具有一定地域性、时代性、民族性特点,分为有形和无形两类。有形的乡村人文旅游资源包括特色地域建筑、典型民族村寨、聚落分布形态、乡村遗迹遗址、乡村古建筑、乡村农业景观、生产工具遗存、宗教建筑、特色服饰、特色饮食、土特产、工艺品和纪念品。其中农业景观最为丰富,包括水利工程、各形态的农田、农作物景观、养殖畜牧基地、园艺园林基地、农业科技园区、农业博览园、农业教育基地等形式。无形的乡村人文旅游资源以历史文化和传统文化为底蕴,呈现出乡村农耕文化、民族民俗风情以及传统礼制和礼仪等多种形态。

3. 乡村衍生旅游资源

乡村旅游经济活动围绕着旅游资源,形成了直接服务于游客的多样化旅游设施,如农家乐、乡村客栈、休闲农庄和度假村,当基于这些设施的乡村旅游经济活动以独特的风格吸引了游客的注意时,也往往衍生出新的旅游资源。

（二）乡村旅游资源的主题分类

在乡村发展进程中，开发建设者为了突出特色，将乡村旅游资源的基本分类进行组合，衍生出多样化的主题分类。

1. 乡村农业景观

乡村农业景观主要是大规模连片农田、多种类型的经济果林与蔬菜园区，呈现出大面积的农林作物景观，并以山地风景和水域风光为背景和衬托，其特点是场面辽阔，具有浓厚的乡村风情。

2. 乡村聚落景观

乡村聚落是村民们居住、生活、休息和进行社会活动的场所分布形态，也包括除耕地之外的生产劳动的场所分布形态，其分布形态包括如下。

（1）分散型：这种聚落呈点状分布，每户房前屋后常有庭院。
（2）集聚型：这种聚落呈团状、带状和环状分布。
（3）特殊型：如水村、土楼、窑洞和堡寨。

乡村聚落景观具有历史性、传统性、整体性和独特性等特点，是当地村民社会活动的载体。

3. 乡村建筑景观

乡村建筑是乡村聚落的具体建筑形式，多取材于当地的石材和木材。不同地方的乡村建筑往往具有风格迥异的地域特色，从而给游客留下深刻的印象，建筑的特色往往是乡村之间区别的显著标志。乡村建筑以乡村民居为主体，还包括戏台、历史建筑、宗祠建筑、宗教建筑、园艺园林、休闲建筑等。在旅游业发达的乡村地区，规划齐整的乡村客栈群、食品一条街等旅游接待设施，也组成了乡村建筑的亮丽风景线。

4. 乡村农耕文化

农耕文化是农民在长期农业生产和农业生活中形成的风俗文化，它存在于人类历史的早期，对人类文明发展进程影响巨大。乡村农耕文化与生产力水平和自然地理环境密切相关，表现出不同的文明进程和文化特色，包括乡村物质文化、乡村制度文化和乡村心理文化三个方面。中国农业生产源远流长，农耕文明决定了汉族文化的特征。

5. 民族民俗文化

民族民俗文化包括民族文化和民俗文化两方面,民族文化和民俗文化发展演变的结晶,既有物质的形态,也有抽象的内容。狭义的民族民俗包括生产民俗、流通民俗、消费民俗、游艺民俗、信仰民俗、节日民俗。广义的民族民俗除上述内容外,还包括乡村制度文化和乡村精神文化。

三、乡村旅游资源开发的流程

乡村旅游资源的开发是一项复杂的系统工程,要从资源固有的客观规律着手,有计划、有步骤地进行,避免旅游资源的浪费甚至破坏。根据开发主体、开发内容的不同,乡村旅游资源的开发流程也各有差异,但是一般来说,乡村旅游资源在开发与整合时有以下几个步骤。

(1) 组建开发小组。负责对整体开发工作进行筹划、规划、监督和执行。

(2) 筹措开发资金。依据"谁投资,谁受益"的原则,预估资金投入和回报,自筹或融资,合理投入资源开发的各环节中。

(3) 规划和建设。基于对乡村旅游资源的调查和评价,制定旅游开发规划方案,有的还需要制定单体项目的设计方案,并由投资主体严格按照开发和设计方案进行各种项目建设工作。

(4) 经营和营销。就目前而言,大多数的乡村旅游开发者是乡村旅游的经营者,但很多乡村旅游点只重建设不重管理,只重噱头不重品质,常常造成了盈利能力低下和发展后继无力。在经营过程中,如何加强宣传、拓展渠道,通过营销来激发游客出行欲望,也是一项容易被忽略的难题。因此,组建更专业的经营和营销团队,实施合理的经营和营销策略,也是乡村旅游资源开发流程中的重要环节。

(5) 定期更新和升级。为保持乡村旅游项目的长期竞争力,需要有计划地进行更新升级。例如,浙江省湖州市从1998年开始每隔5年左右,就在市场和政府的双重引导下,进行一次乡村旅游产品的全面更新,其发展阶段不断提升,目前已经由"农家乐"到"乡村旅游"再到"乡村度假"和"乡村生活",被称为"中国乡村旅游第一市"。就是因为其始终领先竞争对手一步,进行乡村旅游产品的更新和升级,维持乡村旅游的竞争力。

第四节　乡村旅游市场开拓

一、市场及旅游市场的定义

从经济学的角度来定义市场,是指人们交换商品的场所。哪里有商品交换,哪里就有市场。市场随着商品经济的发展而发展,故而市场的概念在不同时期具有不同内容。例如,我国古代北方的"赶集"或"集市"、南方的"赶场"或"赶墟",都是指最简单的市场。但随着商品经济的发展,后来出现了庙会、店铺、物资交流会、贸易货栈、交易所、百货商场以及今天的"超市"等市场形势,并且有了狭义市场和广义市场之分。[①]

狭义市场即指商品交换的场所;广义的市场则体现为影响、促进商品交换的一切机构、部门与商品买卖双方的关系,即某一特定产品的供求关系。同一般商品市场一样,旅游市场是社会分工进一步深化、商品生产发展到一定阶段的产物。新兴的现代旅游业出现之后,一方面社会上出现了需要进行旅游消费的旅游者,二者之间的交换便形成了旅游市场,是实现旅游生产需求者与旅游商品供应者之间经济联系的场所。旅游市场也就同样有着狭义和广义之分。狭义的旅游市场是指旅游产品交换的场所;广义的旅游市场则是指旅游产品交换过程中所反映的各种经济观和经济联系。

二、乡村旅游产品策略

（一）乡村旅游产品的概念

广义产品是指能够满足人们的某种需要和欲望的东西。狭义产品是指由经营者提供给市场,能引起人们注意、获得、使用或消费,以满足人们某种需要和欲望的一切东西。作为旅游者这一具体消费者群所购买的乡村旅游产品,是一种消费品,具有一般产品的共性。但它是旅游者这一特定消费者群所购买的产品,因而在消费范围及消费特性等方面,与一般消

---

① 杨载田,章勇,刘沛林.湖南乡村旅游研究[M].北京:华龄出版社,2006.

第六章　乡村旅游规划与治理

费品有一定的区别。它不单纯是旅游者在乡村旅游活动过程中所购买的一般性商品,而是旅游者在旅游活动过程中所得到的产品和服务的总和。就乡村旅游产品的形式而言,它既以综合乡村旅游产品的形式出现,如各种特定的乡村旅游线路,包括旅游者所需要的乡村旅游线路中住宿、饮食、交通、娱乐等综合性内容;又以单项乡村旅游产品的形式出现,如酒店等旅游企业直接向旅游者所销售的各项产品。旅游购物品则更是以单项旅游产品的形式出现。

(二)乡村旅游产品的构成

从乡村旅游供给角度来看,狭义的乡村旅游产品是指乡村旅游服务;广义的乡村旅游产品不仅包含旅游服务,还包括服务凭借的物质条件,即乡村旅游资源、乡村旅游设施、乡村旅游购物品和乡村旅游目的地可进入性。从乡村旅游需求的角度看,乡村旅游产品是乡村旅游者的消费经历和感受。

1. 乡村旅游产品层次划分

(1)核心产品

乡村旅游核心产品是乡村旅游供给方向游客提供的服务的基本效用或利益,即使用价值,它是游客购买和消费的主体部分,对于提升客户的核心体验具有重要意义,也是吸引乡村游客到来的动力源泉。具体表现为基于乡村景观和乡村文化的乡村性、原真性及其审美感受。

(2)外延产品

乡村旅游的外延产品是指乡村旅游资源和乡村旅游设施,即乡村旅游供给的物质形态,是旅游服务依赖的物质条件。乡村旅游资源包括自然景观和人文景观两大类,为乡村游客提供了审美和学习的物质载体,乡村旅游设施为乡村游客提供了食宿、休闲和娱乐的物质凭借。设施建设应保障基本旅游供给的系统性和完整性。

(3)辅助产品

乡村旅游辅助产品包括乡村旅游产品形象、乡村旅游品牌建设、乡村旅游管理和服务水平。乡村旅游辅助产品是乡村旅游市场竞争的抽象要素,对于提升游客的体验具有重要意义,在互联网时代要充分利用信息与通信技术提升经营管理水平,并开展乡村游客便捷服务。

2. 乡村旅游资源划分

（1）聚落建筑旅游产品

聚落建筑旅游产品是指耕地之外的村民居住、生活、休息、劳作和进行社会活动的场所分布形态,其形态有分散型的农家庭院,集聚型的团状、带状和环状聚落,特殊类型的水村、土楼、窑洞和堡寨。乡村建筑包括当地民居建筑、公众活动场所的各类建筑,以及规模化和专业化的旅游接待设施,它是乡村聚落的具体建筑形式,多取材于当地的建筑材料,具有独特的传统范式和地域风格。

乡村地域由于长期的区位经济弱势,交通设施相对落后,受都市化和现代化的影响进程缓慢,不但保持着古朴的乡村聚落形态,还保存有大量的古代建筑、民族建筑和特色建筑,成为现代乡村旅游资源开发的重要支撑。例如,山西的晋商大院、浙江的乌镇和江苏的同里古镇、安徽的西递和宏村、江西婺源古村落群、贵州的西江苗寨、福建永定土楼群落、河南的郭亮村等。在乡村旅游产品设计中,要注重保护与开发并举,去掉落后与弊端,留住乡愁和传统,传承古老文明。有些乡村地区虽然没有丰富的传统文化资源,但因地制宜、合理规划,在乡村建设过程中展示了社会主义新农村的风貌。

（2）民俗风情旅游产品

乡村民俗风情包括民族民俗和制度民俗,这些与城市化迥异的异质文化,吸引了诸多城市游客。民族民俗是传统的乡村民俗文化和民族文化长期积淀的结果,既有物质的形态,也有抽象的内容。乡村制度民俗也是广义的民族民俗文化的特殊组成部分,包括乡村的权力民俗和礼制民俗两方面。

乡村民族民俗包括：①生产民俗,如农耕民俗、手工业民俗；②商业民俗,如集市、交易民俗；③消费民俗,包括饮食和服饰等方面；④游艺民俗,如民间竞技、民间游戏、口承语言民俗、民间音乐和舞蹈、民间戏曲和曲艺等；⑤信仰民俗,如宗教、禁忌、崇拜等；⑥节日民俗,如传统节日、民族年节等。

乡村制度民俗中权力民俗包括：①家族民俗,如称谓民俗、排行民俗、继承民俗等；②组织民俗,如行会民俗、社团民俗等。乡村制度民俗中礼制民俗包括婚嫁、寿诞、葬礼等方面的民俗。

（3）田园生态旅游产品

田园生态旅游产品是在乡村的田园生态环境背景下,将各种农事活动、乡村社会活动与旅游活动相结合而开发形成的乡村旅游产品。可分为农业景观游、农业科技游和务农体验游三种类型。

①农业景观游。农业景观游包括田园风光游、林区风光游、渔区风光游、草原景观游等。农业景观游融入了生态旅游和绿色旅游理念,再加上农耕文化元素,旨在让游客感受到丰富的景观审美情趣和深厚的农业文明底蕴。

②农业科技游。农业中的科技应用提升了农业现代化的水平,激发了"农业+科技+旅游"新业态的创新活力。例如,农业科技示范园和农业园艺博览园,将农业生态科技和农业生产过程相结合,促进了乡村一二三产业的融合发展。

③务农体验游。城市居民分为原居民和迁入居民。历史上乡村经济长期弱势,故有乡村人口主动迁入城市寻求生存空间。在城市扩张和城乡一体化的发展进程中,一部分乡村人口纳入城市人口范畴。对于城市原居民而言,农耕生活是新奇而有魅力的。对于城市外来居民而言,乡愁和怀旧成为体验农耕生活的动机,于是催生了专门的务农体验游。

(4)自然风光旅游产品

乡村自然旅游资源丰富多样,涉及地质地貌、水域风光、气象气候和多种生物,因此乡村自然风光旅游产品包括地质地貌旅游、水域风光旅游、气候气象旅游和生物景观旅游。

3. 乡村旅游体验划分

(1)乡村观光旅游产品

乡村观光旅游产品是以乡村自然旅游资源和人文旅游资源为观光对象的旅游活动形式,涉及基于乡村旅游资源划分的所有产品形式,如聚落建筑、民俗风情、田园生态、自然风光。乡村观光改变了城市游客的居住环境,在游玩的过程中游客开阔了眼界,增长了见识,陶冶了性情,提高了自然与人文之美的鉴赏能力。

(2)休闲娱乐旅游产品

乡村民族民俗具有浓厚的传统文化底蕴,许多内容被评定为非物质文化遗产,为乡村休闲娱乐活动提供了重要支撑。其中的游艺民俗内容丰富,诸如庙会、戏曲、秧歌、锣鼓、旱船、龙舟、杂技、竞技等活动,增强了游客休闲娱乐的参与度。乡村旅游中的瓜果蔬菜采摘、特色饮食品尝、主客互动演艺、风俗礼仪参与和乡村工艺品制作等体验性活动,使得游客更多了解到乡村地域的风土人情,进而深刻体会到乡村生活的欢乐和美感。

(3)体育康养旅游产品

乡村地域生态环境优美,空气质量普遍较好,拥有辽阔的空间、多样化的地质地貌、丰富的药膳食材,可以开展登山游、乡村跑、日光浴、温泉浴、森林浴等活动,还可以进行心理治疗、康复疗养以及药食养生等。

(4)乡村度假旅游产品

靠近都市周围的乡村地域,常凭借美丽的自然风光和温泉疗养条件开辟乡村旅游度假村。乡村旅游度假村对于喜爱一日游、周末度假和近距离旅游的城市居民来说具有较强的吸引力。公司会议、会展旅游、家庭聚会常在这里举办。此外,乡村旅游度假村还通过举办节庆娱乐活动和农耕文化研学活动吸引了众多亲子游的城市游客。

(5)乡村研学旅游产品

通过乡村旅游活动开展研究性学习和旅行体验相结合的校外教育活动,让孩子和学生感受乡土风情,体验乡村生活方式。乡村研学旅游活动引导青少年亲身参加亲近社会与自然的实践活动,促进其社会化,增强其群体交往的能力,充分体现了体验性和群体性的教育特色。乡村研学旅游作为综合实践育人的有效途径,可以有效承载道德养成教育、社会教育、国情教育、爱国主义教育、优秀传统文化教育、绿色环保教育、创新精神和实践能力培养。

(6)户外探险旅游产品

乡村地域常具备地质条件多样化的特点,为开发户外探险旅游提供了条件。户外探险旅游因具有探索自然界奥秘的吸引力,成为乡村旅游产品的一个突出的主题形式,也是体育活动和户外娱乐的形式。它提高了人类对自然与艰险的适应性,磨炼了人们的意志和品格,深受驴友、背包客和探险旅游者的喜爱。

(7)乡村节日旅游产品

乡村节日对游客的吸引力和聚合效应常形成规模旅游市场,形成了乡村节日旅游产品。乡村节日旅游产品根据节日活动内容的不同大致可以分为以下五种:农村风光节日、农业产品节日、民俗文化节日、历史典故节日和综合类节日(如各地的乡村生态旅游节)。

(8)乡村会议旅游产品

乡村会议旅游产品指的是以乡村自然生态环境和人文社会环境为背景,将举办会议作为切入点而开发的一种乡村旅游产品。会议举办单位比较关注为与会者提供一个良好的环境,以期得到与都市会议不同的氛围。

(9)乡村购物旅游产品

乡村购物旅游产品即具有乡村地域特色的旅游纪念品、工艺品、生活用品和土特产品,亦即有形的乡村旅游商品,它丰富了乡村游客的购物体验。乡村企业和手工业者可就地取材进行加工,许多购物品同时具有纪念性、鉴赏性和实用性。例如,乡村和民族服饰、包具、收纳盒以及微缩景观等,深受乡村游客的喜爱。此外,乡村地域食材丰富,可手工制作多样化的食品,这也是游客返回住地后馈赠亲朋的上好选择。

(10)其他专项旅游产品

体验型的乡村旅游产品除上述常规分类之外,还有其他小众市场所青睐的专项产品,如野营旅游、怀旧旅游、摄影旅游、影视旅游、遗址旅游、亲子旅游、童趣追忆体验、忆苦思甜体验等。

乡村旅游满足了都市人"乡村怀旧"和"回归自然"的心理需求,迎合了中国旅游产品结构化调整的客观要求,是旅游开发形式转变的新探索,成为中国旅游业的重要组成部分。

第五节 乡村旅游形象塑造与传播

乡村旅游形象的树立与设计是一项综合性很强的系统工程,包含旅游目的地形象调研、形象定位、形象设计、形象传播和旅游目的地形象管理等内容。乡村旅游形象塑造的目的和意义是如何通过形象树立良好的乡村旅游形象,进而吸引更多的游客。

一、乡村旅游形象设计的具体思想

乡村旅游规划的指导思想的主要依据就是市场经济战略思想,并融入可持续发展思想,同时还要兼顾动态发展思想和生态发展思想,保证其可持续发展。

二、乡村旅游形象设计的重要策略——品牌建设

综合当前相关研究对"品牌"概念的诸多解释,都是从客户和企业两个角度对"品牌"进行释义。从客户视角把品牌解释为一种消费体验和情感体验,从企业的角度品牌是能够用来建立资产的营销工具,一个品牌就是企业某一产品的有形资产和无形资产之和。李自琼、彭馨馨、陆玉梅

(2014)认为,品牌是名称、标识和符号,或这些要素的组合运用,以辨别其他销售者的商品或服务,进而与自己的商品或服务相区分,其增值的源泉是客户心中形成的关于其载体的总印象。[①]

(一)品牌的内涵

1. 品牌是资产

当产品具有响亮的品牌之后,市场认可度将极大提高,有利于提高品牌的营销资产价值,对于扩大市场销量和提高营业额都具有重要的意义。

2. 品牌是符号

品牌由名称、标志、象征物、代言人、包装等要素组成,这些识别要素形成了一个有序的符号体系,能让消费者轻松识别。

3. 品牌是个性

品牌能推动追随者或者认同者表达强烈的个人情感,以示与众不同。消费者常以消费某种品牌的产品来展示个人性格特征。

4. 品牌是定位

品牌的识别意味着产品具有独特的形象,对市场具有强烈的辐射能力,常具有较大规模的潜在消费者群体,品牌设计与潜在市场形成了对应关系。

5. 品牌是文化

从消费者角度来看,品牌消费形成了口碑效应,蕴含了消费者的认知评价。从产品生产者的角度来看,品牌蕴含了企业精神和企业理念。

(二)品牌建设 CI 理论

CI 是英文 Corporate Identity 的缩写,中文含义是"企业形象识别",也称为"企业形象"。CI 理论的目的是通过创造良好的企业形象,从而构建企业商品或服务与客户共存共享的和谐的经济生态关系。CI 理论主要包

[①] 王成荣. 品牌价值评价与管理[M]. 北京:中国人民大学出版社,2011.

括三部分,分别别是理念识别(MI)、行为识别(BI)、视觉识别(VI)。

1. 理念识别(MI)

MI(Mind Identity),即理念识别系统,包括企业的战略思想、经营方针和管理理念,是 CI 的灵魂。

2. 行为识别(BI)

BI(Behavior Identity),即行为识别系统,包括企业管理行为和市场营销行为,是 CI 的行为表现。

3. 视觉识别(VI)

VI(Visual Identity),即视觉识别系统,包括企业的品牌、商标、代表色,是 CI 的视觉传达。

理念识别(MI)、行为识别(BI)、视觉识别(VI)要保持文化内涵和逻辑概念的一致性,行为识别(BI)、视觉识别(VI)以理念识别(MI)为核心,进行构架和拓展。品牌建设 CI 理论对于乡村旅游品牌建设具有重要的参考价值。

(三)乡村旅游品牌建设的必要性

品牌建设对于树立乡村旅游的鲜明形象、提高市场占有率、获得产业发展规模效益具有重要意义。例如,山西省乡村旅游的发展处于全国中下游的水平,乡村旅游市场的吸引力不足,山西乡村旅游整体还处在粗放经营的价格竞争阶段。山西乡村旅游发展应该充分认识到品牌建设的必要性和紧迫性,不断完善基础设施建设、完善乡村旅游产业链条、提高管理水平和服务水平,走乡村旅游品牌化发展道路,通过塑造不同的乡村旅游品牌,使得各地乡村旅游特色更加鲜明,提升乡村旅游市场的吸引力。

(四)乡村旅游品牌建设体系构建

1. 旅游品牌定位

乡村旅游品牌定位,首先要深入挖掘乡村旅游特色,即有地域风格的乡村性,选择差异化市场营销策略来进行市场定位;其次,以原真性应用展示乡村旅游的乡村性,将原汁原味的乡村旅游资源呈现给乡村游客,提升乡村游客的消费体验。

2. 旅游品牌打造

在特色定位、产品定位、市场定位的基础上,进行乡村旅游产品包装设计。系统化打造乡村旅游品牌,包括设计品牌的理念识别系统、行为识别系统和视觉识别系统,具体包括经营理念、管理服务体系以及品牌的名称和标志,建立有特色、有吸引力的品牌形象。

3. 旅游品牌营销

旅游品牌的营销是提高品牌知名度的重要途径。在现代社会,市场营销的途径和平台愈加多元化,这为乡村旅游品牌体系的营销带来了更多的发展机遇。可以根据乡村旅游的市场需求定位,有效选择营销渠道和手段。

4. 旅游品牌保障

品牌建设与营销的成果需要转换为持久的发展动力,这就需要有坚实的品牌保障,包括品牌建设保障和品牌组织保障。品牌建设保障主要通过完善的配套设施、优质的旅游服务、全程化的旅游品牌检测与危机管理来维持旅游品牌的正面形象及其持久的市场影响力。而品牌组织保障是在政策层面给予品牌建设和运行充分的支持。

(五)乡村旅游品牌建设发展路径

1. 打造品牌个性,保持品牌特色

品牌名称要有市场冲击力和影响力,体现出乡村旅游资源的特点,以增强对目标市场的吸引力。所以,品牌名称在简明易辨的同时,还需要与品牌特色相结合。此外,品牌标记作为品牌特色符号,也应该遵循上述设计理念。品牌口号的设计也应充分体现品牌及旅游产品本身所蕴含的丰富价值观,引起目标市场的情感共鸣。

2. 发掘品牌潜能,深化品牌内涵

打造乡村旅游品牌,首先要通盘掌握本地的乡村旅游产业发展潜能,持续开发其产业资源,发挥产业资源特长,有指向性地开发旅游产业的商品与服务。在目前发展形势较为旺盛的体验型旅游产品体系之外,更应该深入发掘本地丰富的历史文化资源,通过有机结合的方式融入当前的乡村旅游开发之中,打造极具本地特色的旅游产业资源,丰富乡村旅游品牌的内涵和产业结构。

3. 掌握产业动态,明确市场定位

开展广泛的具有针对性的市场调研,及时掌握省内外旅游产业发展动态及动向,重点分析乡村旅游目标游客群体的需求特征。积极学习运用旅游市场细分方法和大数据技术,准确统计分析调研数据,结合乡村旅游资源特点,充分挖掘其乡村性和原真性,并对乡村旅游客源进行更加明确、科学的市场定位,打造坚实的品牌营销管理基础。

4. 融入新型业态,强化品牌促销

首先,可以通过开发特色乡村旅游活动,树立独一无二、具有一定影响力的品牌形象与特色。其次,积极融合新业态发展,实现线上线下营销活动"双管齐下",共同发展。积极开发新兴媒体平台与网络营销渠道,提升品牌的线上市场的知名度与影响力,促进潜在客源的了解与互动,及时掌握产业新动态,不断开发新客源,建立线上游客反馈机制,及时获取游客反馈建议并有针对性地改进提升旅游产品与服务。最后,积极用好传统宣传媒介,采用丰富多样的形式,在潜在客源较多的地区和人流密集处投放品牌广告。

5. 统筹监管和经营,提升品牌管理水平

各级政府要规范乡村旅游产业监管机制,培育壮大乡村旅游市场,提升景区服务水平,健全游客反馈建议渠道,切实尊重与维护消费者权益,营造健康有序的旅游市场氛围。近年来,随着经济社会发展水平的提升以及发展战略的调整,各级政府更加重视与支持乡村旅游产业的发展,这是乡村旅游产业发展的重要机遇。因此,乡村旅游目的地更加应该加强自身建设,提升品牌意识,不断健全品牌体系,积极适应市场需求,为经济社会的发展做出持续性的贡献。

第七章 乡村文化建设与治理

　　文化是民族之魂,是国家的软实力,对于乡村而言只有创造出积极的乡村文化,才能不断提升乡村振兴的软实力。乡村振兴要不断满足人们对于美好精神文化生活的向往,就必须对乡村文化建设在乡村振兴中的地位有清晰的认知。在乡村振兴战略的实施中,乡村文化建设的地位不可替代,并在乡村精神文化生活的方方面面进行渗透。一方面,乡村文化建设可以不断提升乡民的文化素质,使他们掌握科技知识,促进乡村经济发展;另一方面,乡村文化建设可以促进乡村和谐文明乡风的形成,对各种利益关系进行协调,促进乡村社会的进步。可见,乡村文化建设在乡村振兴中有着非常重要的地位。

第七章 乡村文化建设与治理

第一节 乡村文化与乡村文化建设

一、乡村文化

乡村文化作为与城市文化相对应的一种文化形态,是构成人类文化的重要组成部分。我国自古以来就是一个农业大国,几千年的中国文化深深根植于农业文明之中,从某种意义上说,乡村文化是中国传统文化的活水源头,农民群众是乡村文化建设的主体。

乡村文化可从广义和狭义两方面去解读。从广义上讲,乡村文化是指乡村人口在乡村长期的社会实践活动中所创造出的物质财富和精神财富的总和,它由相互独立却又不可分割的四个层面构成,即物质文化、行为文化、制度文化和精神文化。从狭义上讲,乡村文化则仅指乡村的精神文明活动,是农民的文化水平、思想观念以及在漫长的农耕实践中形成并积淀下来的认知方式、思维模式、价值观念、情感状态、处世态度、人生追求、生活方式等深层心理结构的集中反映,表达的是农民群众的心灵世界、人格特征以及文明开化程度,是农民精神状态的内化,也是乡村社会进步的标志。[①]

二、乡村文化建设

(一)乡村文化建设的内容

1. 保护和引导乡村民俗文化

我们今天经常所说的民俗文化就是指民众的生活文化,那么乡村民俗文化当然就是指乡村的生活文化了。民俗文化主要就是乡村的风土人情、习俗等,它与民众所处的特定的自然、人文环境紧密相关。农民的道德习俗、民族风俗和民间传统文化有着密不可分的天然联系,优秀的民间传统文化凝聚着中华民族悠久传统文化的精神,体现着中华民族勇敢、勤

[①] 顾阳,吕英胜.如何搞好农村文化工作[M].太原:山西经济出版社,2009.

劳、生生不息、正义的民族精神。

优秀的民间风俗文化是乡村文化建设的基础,优秀的民间风俗文化是社会主义乡村建设的重要组成部分,一个地方风俗的好坏直接关系到这个地方的人的精神面貌,乡村文化建设在民俗方面的工作主要是两点:一是保护,就是要保护独具特色的民俗文化,具有地方风情的传统民俗,这些要好好保护,不能让这些民俗在大地上消失;二是要引导,什么是引导民俗文化呢?就是我们国家的很多乡村里面还有很多不良的习俗、不良的生活习惯等,这些不良的习俗不是一两天就能形成的,而是在很长的时间里形成的,有些恶习我们有必要采取强制的规定废除,但是大部分的不良习惯还是不能够采取用强制规定这样的手段来消除,而是应该正确引导。引导人们该怎么样做,怎么做是健康的,怎么做是文明的,时间长了,民众在自觉与不自觉中就会朝着好的方向发展,而不会有太大的反弹,相反如果一概都采取强制性的措施的话,那么很多农民会不服气,改正的效果也不会很好。因此,要正确地引导乡村民俗文化。

2. 加强和深化乡村教育文化

教育是全社会最重要的事情之一,是关系到国家前途和民族未来的千秋大业,一个国家、一个民族能否发展好,人民能否安居乐业,能否在世界上获得别人的尊重,很大程度上都与教育有关,因此教育在国家中的地位是如何强调都不会过分的。我国现在正在一个改革开放的新起点上,国家正在迈向一个新的更高的台阶,在现阶段,更加需要高素质的人才来建设好我们的祖国。而现在发展的重心已经开始由原来的重视工业、以农业补工业的发展方向,转向重视乡村农业的发展了,在这样的一个历史的发展机遇期,中国广大的乡村能否在党的领导下,摆脱曾经的落后,走上一条快速发展的道路,很大程度上就取决于有没有优秀的农业人才。

在新时期的社会主义乡村文化建设中,教育文化是很重要的一个内容,也是非常紧迫的任务。根据实际,通过地方政府拿出的有限资金来办乡村教育,是不能满足广大乡村对教育的需求的。而且,有的贫困地区由于财政吃紧还会挪用教育经费。为改变乡村教育现状,我们首先要加大乡村教育资源的投入,最大限度地改变乡村教育资源不足的状况,重点抓教育经费挪用行为,有很多地方的教育经费挪用情况非常严重,一定要严加监管,同时发现问题后一定要严肃处理,本来乡村的教育经费就少,要把有限的教育资源用到实处。要成立一个调查小组,查清乡村小学、中学的负债状况以及教师的工资问题。有的学校负有很多的债务,因为建校舍借了很多的钱,有这些情况的,要通过财政拨款支付,使学校能够减轻

第七章 乡村文化建设与治理

负担,轻松上路,一心一意地抓教学,不用想方设法赚钱。在教育领域,可以适当放宽私人投资办学,这样一方面可以满足社会上有意教育的人的良好愿望,一方面也能够补充一下政府对教育投资的严重不足。但是对这些投资要专门建立一个机制进行监督,因为不能太多地私有化和商业化,那样的话就更加不利于教育的发展了,不能把教育资源大量地转到私人手中。还有就是教育主管部门要把一定的管理权限下放给学校,增加学校一定的决策权,并为学校创造良好的办学环境。

对乡村教育问题中的教师问题,要切实提高广大教师的各种素质,加大师资力量,提高师资水平,建立良好的教师队伍,对不合格的教师要坚决辞退。可以招收一些有高学历的人士回乡任教,提高教师的待遇,对教师的福利等问题要根据实际给予改善。当地政府应该把乡村教育作为一项重要的工作来做,在资源分配方面着重加大乡村教育的经费,为乡村教育提供土地资源和其他的设备。

3. 加快和夯实乡村法制文化

第一,要增加与乡村农民相关的立法,用法律来保护农民、保护农业的利益,从而达到农业和乡村经济的稳定发展。

第二,要规范执法,确保司法独立,确保司法不受行政权力的干扰。

第三,要让法治与德治相辅相成,当法和道德、风俗发生冲突时,不能公式化地强调以法律来同化道德、风俗。

第四,要加强法律宣传的针对性和实用性。实施财政保障机制,充足的经费保障是加大乡村普法力度的重要条件。

4. 培养和提升乡村体育文化

改革开放之后,特别是全民健身计划纲要实施以来,乡村体育取得了全面发展。在我国广大乡村的体育场地设施有了很大的改善,雪炭工程和全民健身工程的实施对于改善贫困地区体育场地设施,起到了极为重要的作用。为表彰和鼓励乡村基层开展群众体育工作的积极性,推动乡村群众体育和全民健身工作的开展,从中央到基层运用竞争激励机制并逐步成为制度,形成一套表彰体系。同时全民健身宣传周活动的开展也产生了广泛的社会影响,有效地增强了乡村居民的体育健身意识,对于广大乡村居民形成良好生活方式和道德品质,远离不良恶习产生了良好作用。亿万农民健身活动的蓬勃开展,不仅减少了疾病,提高了农民的健康水平,而且产生了良好的社会效果,体育对乡村社会发展的贡献率越来越大。

5.发展和落实乡村生态文化

乡村生态文化建设也是我国乡村文化建设的一个很重要的内容。我国经济近些年来高速发展,但伴随而来也产生了很多的生态环境问题,这些应该引起我们的高度重视。因为这不仅关系到我们自身,还关系到我们的后代。他们是否能够有一个好的环境,要看我们现在所采取的各种措施。

现在我国广大的乡村所遇到的生态问题已经非常严重,包括生态系统结构破坏、功能衰退、生物多样性减少、生产力下降、水土资源丧失等。而一旦生态环境遭到破坏,生态平衡失调,恢复起来就非常困难,而且有些破坏甚至是不可逆转的。因此,在保护乡村生态文化方面可以从如下几点着眼。

第一,强化科学管理,加强法制观念。

第二,积极引进研究和推广高新农业技术。

第三,综合规划、全面发展,走生态农业之路。

(二)乡村文化建设的实施路径

1.乡村文化建设要坚持自觉创新

乡村文化创新不仅要避免在乡村中一些问题上的重蹈覆辙,努力寻求新的创新模式,在新思路新方法的指导下解决文化创新过程中所遇到的新问题,促进乡村文化中新气象、新风暴的形成,而且还要将现有阻碍创新进程的障碍性因素去除,使文化创新的工作得以更加顺利地开展。具体来讲,可以参照以下的一些思路和方法。

(1)推动乡村文化建设体制和机制的创新,为乡村文化创新提供有力的机制保障。具体来讲,包括逐步推动经营性国有文化事业单位转企改制和加快公益性文化事业单位改革两个方面。

第一,在坚持试点先行、稳步推进的原则之下,积极地推进新华书店、电影院、电影公司以及基层国有艺术团体等国有文化事业单位转企改制。对于这些需要进行转型的单位给予财政、税收、社会保障等方面的政策及资金支持,并推动改革后的单位进行产权制度改革,使其向着股份制经营方式转化,促进投资主体多元化氛围形成。对于各企业与艺术团体的合作要给予大力的支持,鼓励新华书店形成连锁经营的运营模式,使文化资源能够得到最大限度地优化组合,大力提高这些文化单位的整体运营

第七章　乡村文化建设与治理

能力。

第二,对于县级图书馆以及县级文化馆来说,必须努力增加对这些单位的资金投入,为其不断注入新的活力,使其公共服务的水平得到不断提高。为了能够尽快使这些单位的竞争、约束及激励机制得以建立和健全,就要不断地深化其内部的劳动、人事及分配等方面的改革,全面实行劳动合同制度以及聘用制度,落实岗位目标责任制。但是,乡村中的图书馆、文化馆以及乡镇综合文化站都属于公益性事业单位的范畴,所以绝对不允许这些部门中出现企业化的现象,对于一些租赁或者拍卖的行为要加以严厉制止,如果遇到这些相关的文化设施的用途已经被改变的情况,一定要限期收回。为了更加深入地推动文化创新,各级文化机构一定要面向乡村和基层,详细制订公益性文化项目实施计划,通过更加有效的服务方式推进乡村文化建设。

（2）加强乡村文化工作队伍的建设,为文化创新工作提供坚实、高效的人力队伍,包括落实乡村文化工作者的相关政策、加大乡村业余队伍的建设两个方面的内容。

第一,在落实乡村文化工作者相关政策的过程中,要采取有效的政策和措施为相关工作人员的工资及福利待遇提供有力的保障,最大限度地调动他们的积极性。对于那些进行乡村文化建设的专职人员来说,要不断地加强其知识水平及相关业务能力的培训,努力提高他们的综合素质,不断地增强他们的文化创新能力。

第二,在推动农民业余文化队伍建设方面,要注意最大限度地使农民参与到文化建设的队伍当中来,使农民明白自己不仅是乡村文化建设和文化创新的受惠者,而且还是乡村文化建设的生力军和推动者。只有保证农民能够最大限度地参与到文化建设和文化创新的队伍当中来,才能够更好地了解到农民群众的具体文化需求,进一步保障乡村文化自觉创新的针对性和科学性。除此之外,加强乡村业余队伍的建设,还能够更加有效地发挥乡村文化建设和文化创新中的典范作用,最大限度地吸引农民投入到乡村文化建设的队伍当中来。

（3）努力推动乡村的特色文化建设,将保持和创建具有彰显特色的新式文化作为乡村文化自觉创新的最佳切入点。与现代化的城市相比,广大的乡村保留了很多丰富的文化传统、民间风俗等极其丰富的民间文化资源,有些文化资源甚至仍然保留在广大农民的日常生活当中。乡村中特有的文化资源对于农民来讲具有非常浓厚的亲切感,从这个角度来讲,对乡村现有的历史文化遗产或民族文化资源进行深层次、全方位的开掘,可以使生产出来的相关的文化产品能够最大限度地符合广大农民的审美习惯和认知方式,给农民带来深厚的亲切感,使他们感受到文化的熏陶。开发彰显乡村特色文化的最好途径是在保持相关文化资源传统文化内涵的前提之下,使其内容得到不断充实,并推动其形式上的创新,使其能够在保持农民喜闻乐见风格的同时,更加具有时代性和教育性,有效地发挥传播先进文化的载体作用,因此加强乡村非物质文化遗产的保护,使乡村文化的传承机制得以创新便成为乡村文化创新中一项十分重要的工作。对于那些带有浓厚地方特色的地方戏曲、民间书画、雕塑以及民族歌舞等民间文艺形式要给予政策上的保护和支持,这不仅能够在很大程度上使人们的精神生活得到丰富,而且还能够进一步增强农民的自信心和广大乡村的凝聚力。

因此,充分调动乡村干部与广大农民的积极性,不断提高乡村干部的文化建设领导能力及农民的文化创新能力,是确保乡村可持续文化力长效机制建立的重要保障,是保障乡村文化能够日新月异的不竭动力。

2. 不断夯实乡村文化基础建设

(1)进一步加大对乡村文化基础建设的资金投入,为乡村文化事业发展及乡村文化创新提供重要的资金基础。由于各种历史因素的影响,当前我国广大乡村的文化基础建设还处于十分落后的状态,这就要求乡村各级政府及时制定保障和推动乡村文化事业发展的投入政策,并使政府投资的稳定增长机制进一步得到建立和健全,除此之外,在保证地方财政收入与乡村文化事业的资金获得稳步增长的同时,要确保文化事业资金投入的增长幅度不低于财政政策的增长幅度。

具体来讲,政府要加大对乡镇文化站以及村文化办公室的经费支持,使文化研究、文化创作、文化培训以及各文化基础设施建设能够获得足够的资金支持。除此之外,政府制定有效的补贴政策,加大政府对乡村放映、乡村演出的投入力度,并在相关的文化团体中引入有效的竞争机制,对国有和民营等各类专业艺术院团的乡村演出活动进行政策上的引导和资金上的支持。

在加大对乡村文化基础设施建设财政投入的同时,要在乡镇设立专门的文化建设奖励基金,积极开展及时有效的表彰活动,调动社会的各界力量,对农民以个人或合伙、股份投资等形式发展文化产业的行为进行鼓励,并鼓励企业进行招商引资创立文化产业,建立和健全多渠道的投资体系,使乡村文化基础设施建设得到开展。

(2)建立和完善城市对乡村文化基础建设的援助机制。由于长期以来乡镇文化设施建设一直处于比较落后的状态,而各大城市无论是从经

第七章 乡村文化建设与治理

济发展水平还是从文化设施建设上来讲都大大高于乡村发展的整体水平,因此着力推进城乡文化统筹发展和城乡文化一体化,形成城乡文化优势互补、协同发展的格局,使城乡文化建设得到共同发展,就成为不断夯实乡村文化基础建设的必由之路。

第一,大力鼓励专业文化工作者深入乡村,为广大农民提供丰富的文化服务活动,使农民欣赏到更多反映乡村变革、喜闻乐见的具有浓厚的时代精神的文艺作品。与此同时,还要鼓励一些经济实体及社会团体积极参与到特色文化乡镇以及文化产业园区的开发和建设当中去,并使"三下乡"等活动形式得到不断创新;要对农民的文化需求进行切实的调查,根据农民的实际需求制订详尽周密的计划,使"三下乡"活动真正起到密切党群关系、干群关系,促进城乡共同繁荣的作用,使乡村文化得到真正的繁荣,推动乡村文化基础建设的和谐进行。

第二,要使乡村文化工作仅仅依靠宣传、文化部门来搞的观念得到切实的转变,对乡村中的教育、科技、卫生、政法、旅游等部门进行积极的引导,使其广泛参与到乡村文化基础建设的活动中来,并对诸如民营企业家等一些社会力量进行鼓励,使其积极参与对乡村文化事业的捐助和支持;要进一步推动图书室、文化站等乡村文化基础设施建设,并促进乡村公益性文化实体和文化活动的大力开展。

第三,建立和健全乡村公共文化服务网络以及乡村公共文化设施支持体系。在推动乡村公共文化服务网络得以建立健全的进程中,要将文化工程项目的建设作为前进的基点,建立健全乡村文化信息、乡村广播电视和电影服务网络,使其能够充分满足乡村居民日益增长的公共文化需求。在确保三大乡村文化项目的建设得以完成的前提下,还要建立和健全相关的长效机制,为其能够正常运行提供有力的保障。为确保广播电视进村入户的计划早日实现,要大力推进"村村通"工程,积极开展乡村数字化文化信息服务,在探索乡村电影发行放映新机制的时候,要逐步建立以村为基点,以乡为重点,市场服务与公共服务相协调的乡村电影放映体系。努力探讨建立一种以国家文化信息资源共享工程为基础,"人""机"配套的激励约束机制。

具体到乡村公共文化设施建设,推动县、乡、村公共文化设施和阵地的配套建设,要与党和国家对社会主义乡村建设的总体规划相统一,在保证政府主导地位的前提下,发挥乡镇的依托作用,加强乡村中县、乡、村等文化活动场所和公共文化设施建设,积极引导社会各界力量的广泛参与。通过政府与社会的紧密结合,建设出网络健全、服务优质、发展均衡、结构合理的完备优质的公共文化设施体系。

（3）吸引社会资金参与到乡村文化基础建设的实践当中来,使广大农民公共文化产品方面的需求得到极大的满足。

第一,加强乡村体育设施建设,为广大的农民提供休闲、娱乐、健身的场所。党的十六届三中全会以来,乡村基础设施建设在乡村经济发展中的重要意义已经日益引起乡村干部的重视,但是他们往往把乡村基础设施建设归纳为道路建设、信息化建设、饮水工程建设等方面,而对文化设施建设尤其是体育健身设施的建设却没有引起足够的重视。事实上,随着乡村经济的发展,广大农民的物质文化需求得到了满足之后,他们更需要满足一些精神上的享受,在这种情况下,体育与休闲已经逐渐成为他们日常生活中不可或缺的内容,将乡村体育设施建设纳入乡村建设的重要范畴,为农民健身、娱乐休闲提供功能健全的场地,是加强乡村文化基础建设的重要内容之一。

第二,吸引社会资金对乡村非物质文化建设的支持,地方政府要对其进行政策上的大力支持。根据党中央推行的有关政策表明,加强历史文化名镇名村保护、加强乡村文物及非物质文化遗产的建设,是建设社会主义乡村、使乡村文化得以繁荣发展的重要方面。随着中国城乡一体化进程的加快,一些乡土建设等文化遗产已经在所谓的乡村建设的过程中遭到了破坏或拆迁,一些乡村的地域文化特色正在加速消失,这对于中国取得全面和谐的发展来说,无疑得不偿失,所以在发现问题以后,对一些非物质遗产进行及时的保护是一件刻不容缓的事情。各县级以及乡镇政府应该切实履行好自己的职能,将保护文化遗产与发展经济相结合,使经济生产、社会生活、城乡物质基础建设以及文化建设协调发展,使非物质文化遗产的保护工作开展的过程同时成为使农民的基本书化权益得到保障的过程,使其享受到文化遗产保护发展的成果。乡村非物质文化遗产的内容是非常丰富的,因为它从本质上来讲属于公益文化产品的范畴,所以要将其纳入公共财政扶持的范围。

保护乡村非物质文化遗产是农民有效应对现代文明和都市文化冲击的重要途径,也是乡村文化创新的必由之路。在保护乡村非物质文化遗产的过程中,广大的农民不仅可以最大限度地发挥自己的主体作用,而且可以使自己在属于自己的特色文化体系中实现生活的意义。

第三,进一步开展"送戏下乡"和"送书下乡"等活动,同时满足中老年群体和青年群体的文化需求。根据有关调查资料显示,"送戏下乡"是受到基层政府部门和农民群众特别是中老年群体普遍欢迎的一种文化活动,由公共财政支持的"舞台流动车"已经成为乡村基层干部以及乡村中老年群体所讨论的热点话题,所以政府应该进一步加强对"送戏下乡"项目的支持力度。

对于乡村年轻群体来说,对有关庄稼种植以及科学养殖等一些农业技术知识的学习是非常必要的,但是就目前乡村的具体情况来看,乡村中与"三农"内容相关的图书和报刊的数量仍然非常少,一些村即使有一些相关的书籍,实用性也非常差并且价格也相对昂贵。从当前的中国国情来看,我国乡村不仅具有地域广阔的特点,而且在发展水平等各方面的差异也非常大,国家统一配送图书的方式在操作过程中会存在一些难以解决的技术性问题。针对这种情况,在广大的乡村中有必要大力开展"送书下乡"的活动,把该项任务分配给县乡一级的文化中心,将有关的图书送到村级文化室、文化中心和"农家书屋",并且在可能的情况下,在该工程项目中引进有效的竞争机制,对社会中介组织放开准入限制,使"送书下乡"的效率和服务水平得到切实的提高。

第二节 乡村文化管理与建设

一、乡村文化设施建设的现状

(一)乡村文化基础设施亟待完善

目前,乡村许多乡镇都没有乡镇文化站,没有自己的文化专职干部,无法做到财政拨款,兴建专门办公场所。此外,个别行政村还没有村级文化活动室、宣传栏、政务公开栏和阅报栏。可见,乡村文化基础设施建设亟待改善。只有文化宣传工作做到位,上级财政给予大力支持,乡村文化基础设施建设改善才能得以实现。

(二)农民文化生活有待丰富

随着改革开放的进一步深入,乡村经济建设取得了显著成效,农民增收,农业增效。投入力度进一步加大,但农民文化生活并没有显著改善。农民经济生活水平有限,用于文化生活的支出更是少之又少,所以农民文化生活还停留在贫乏和枯燥的基础上。

(三)乡村劳动力文化程度偏低

由于大部分农民文化水平低、观念落后,没有求知求学的欲望,致使他们的子女也过早脱离了学校,走上外出务工的道路,这就导致乡村劳动力整体文化水平偏低,无法推进乡村文化活动开展和文化设施建设。

(四)农民文化生活消费水平低

农民用于文教娱乐及服务方面的支出明显低于城市,这是由农民的生活消费水平和消费质量决定的。物质生活富裕,精神生活才会相应改善和提高,才能促进乡村文化设施建设,从而稳步推进乡村文化整体发展。

二、乡村文化设施建设的措施

乡村文化设施建设的滞后,阻碍了乡村文化建设的发展,因此我们必须找出对策对乡村文化设施建设进行改进和完善,这样才会保证新乡村文化建设的稳步行进和良性发展[①]。

(一)改进陈旧落后文化设施,提高利用率

对乡村文化站陈旧落后、服务功能不健全的设施要及时修改和调整,保证其正常的功能,发挥其应有的作用。对投入大量资金建设和添置的文化设施设备,要充分提高其利用率,让农民真正能享受到文化设施带来的服务和切身感受到应得的收益。

(二)调整从业人员素质结构

采取有效途径吸引人才,积极参与到乡村文化设施建设中来。对于年龄偏大、知识老化、专业化水平低的人员要及时调整。努力培养本土人

---

① 张华超.农村文化生活[M].石家庄:河北科学技术出版社,2014.

第七章　乡村文化建设与治理

员和骨干,尤其是在技术等方面突出者要极为重视。

（三）丰富活动内容,提高吸引力

组织农民适时的观看电影,关注科教片和反映乡村题材的故事片,从而丰富农民的业余文化生活。文化站要及时购买图书,以满足农民知识不断更新的需要。多多利用文化站和活动室组织开展具有本地特色的活动、举办业务培训班等,吸引更多的农民参与进来,加快乡村文化建设发展的步伐。

（四）加大经费投入力度,拓宽投资渠道

农民文化活动的开展需要有经费做保证,乡村文化设施的改善也需要资金的运转。目前,乡村文化设施落后,文化建设发展缓慢,现有资源难以得到充分、有效利用,这和资金的匮乏有着直接的、必然的联系。众所周知,农民的经济收入有限,而乡村用于文化建设的经费投入更是微乎其微。所以,加大各项经费的投入力度,拓宽投资渠道,是改进乡村文化设施和发展乡村文化建设势在必行的举措。

（五）建立健全文化服务网络

要加快乡村文化设施建设,如文化馆、图书馆、电影院等的重建、改造,使其发挥示范、辐射作用,影响和带动乡村文化设施的建设。此外,还要逐步建立健全县、乡、村、户四级文化网络。文化设施建设要时刻体现以人为本、为民服务的宗旨。

第三节　乡村文化组织与服务

一、乡村文化组织的结构

20世纪80年代以来,我国乡村的改革解放和农业生产力的发展,使广大乡村发生了历史性的巨变,乡村文化的组织形态也相应出现了新的变化,呈现出新的格局。当今我国乡村文化组织主要有如下几种形式。

(一)村办文化组织

这是目前我国一百多万个行政村中最为普遍的一种文化组织形式。它的名称为文化室,或为文化大院,或为农民俱乐部,或为农民文化教育活动中心等。

(二)民间社团组织

这种组织大体包括四种类型。
(1)戏剧、曲艺、杂技、驯兽等表演活动,具有较大的流动性和较浓的传统色彩。大多由民间艺人组成,活动时间不同,有常年活动的,有依照乡村季节活动的,也有在民间节日期间随时组成的,多以营利为目的。
(2)自娱社团,象棋社、书社、画社、茶社、诗社、文学社、垂钓、集邮、养鸟一类的组织。一般在经济条件较好或位于城乡接合部的乡村普及。它们有自己固定的活动场地、人员、活动方式、内容及时间,虽大多属自发性组织,但聚合力很强。
(3)科普社团,内容包括带有文化宣传性质的科技推广服务、技术咨询等。有的就是各科技门类的协会小组等,其人员多为乡村中的科技能人,他们以文化为宣传媒介,推进科技普及,带来社会、经济两方面的效益。
(4)协会社团。其内容较为庞杂,有普法协会、计生协会、民调协会、喜丧事新办理事会、禁赌协会等。负责人多为乡村间在某方面担负责任并享有一定威信的人员。所进行的组织活动,融文化教育为一体,涉及社会的方方面面,牵扯乡村的每个角落。

上述四种类型的民间社团组织,其共有的特点是民间性质、资金自筹、场地自建、人员自愿参与、活动项目自选。由于这些组织活动的强烈内聚力,在整个乡村的文化覆盖面较大,他们在乡村中有立足之地,成为乡村文化中不可忽视的一支组织力量。

第七章　乡村文化建设与治理

（三）宗法血缘组织

我国乡村数千年宗法观念一直延续不断,当今乡村中通过文化传承的宗法血缘组织存在较为普遍。这种宗法文化组织,以血缘关系为纽带,以宗族、宗亲为圆心,广罗组织成员。

（四）企业附属组织

一些乡镇企业以自己的经济实力为依托,办起了不同类型的文化组织。这种组织有着明显的行业特征,有文艺演出团队、模特队、书报阅览、球棋类比赛、舞会等。

（五）股份联合组织

这是近年来由于乡村经济结构变化而新产生出的文化组织形式。它吸取了社会上种种经济实体股份制的合作形式及管理方法,按照文化组织的机制运转。这种组织多能承办乡村文化娱乐活动,有的还办起专业文艺表演团体,走村串巷或进入城镇演出。

二、乡村文化组织建设的措施

乡村文化组织担负着繁荣农村文化的历史任务。新时期乡村文化组织形态,涉及乡村社会的许多方面,其内在机制与外部环境都比较复杂。面对乡村文化组织形态的演进,促使乡村文化组织发挥最佳效能,无疑已经成为乡村文化建设与管理迫在眉睫的任务,为此要着重抓好以下两个方面的工作。

（一）巩固和发展村办文化组织建设

村办文化组织亦即村政隶属的文化组织,是在村党支部、村委会直接领导下的村一级文化组织。从全国乡村情况看,这类文化组织大部分都是集党建、思想教育、科学技术普及、文体娱乐于一身,具有综合性、多功能性。一般都设有党员活动室、科学技术夜校、图书阅览室、计划生育宣传指导站、游艺室、广播室等。沿海发达地区、城市郊区和一些经济条件较好的乡村,村办文化组织还设有影剧院、剧场、舞厅、录像厅、游乐场等文化设施。这类文化组织适应乡村基层的思想教育、科技普及和文化传播,有着极强的生命力。同时,这类文化组织又能对村中其他类型的文化组织产生很大的影响,所以搞好村办文化组织、加强乡村文化基础建设就显得尤为重要。

（二）促进乡村文化队伍建设

在做好乡村文化组织建设的过程中,还要紧紧抓住队伍建设这个关键环节。关于乡村文化骨干队伍的建设,这是乡村文化组织建设中涉及队伍建设方面的重要内容,必须下大力气来抓。

（1）要善于发现骨干人才

乡村文化骨干,应是有理想、有道德、有文化、有纪律的社会主义一代新人。

第一,文化骨干只有具有崇高的理想,才能热爱乡村文化工作。

第二,有高尚的道德,才能在群众中有号召力。

第三,有一定的文化基础,才能学习和掌握文艺活动的本领。

第四,有严格的纪律、良好的作风,才能保证乡村文化的组织和活动沿着正确的方向发展。

（2）为骨干人才的成长创造良好环境

现在,乡村文化骨干队伍面临许多新的情况。因此,要做到如下几点：

第一,要通过认真的调查研究,针对骨干人员流动频繁的现实,使各类文化组织采取措施及时吸收新的人才扩大骨干队伍。

第二,对外流骨干,要鼓励他们在外学习异地文化,日后带回本地生根开花。

第三,组织骨干人员学习培训,提高水平,增强自信心。

第四,运用文化市场的调节作用,增强文化骨干的市场意识和文化竞争意识。

通过这些努力,创造有利于文化骨干队伍成长的良好环境与文化氛围。

（3）努力提高乡村文化骨干队伍的素质

当前,乡村文化骨干队伍大体上说是好的,但有些较差,需要在提高文化骨干队伍的政治、业务素质方面做工作。

第一,通过文化组织,运用多种形式向骨干队伍广泛宣传党的路线、方针、政策,组织他们学习中国特色社会主义理论,提高他们的思想政治水平。

第二,通过组织培训、专业辅导、观摩学习、相互交流、座谈研讨,增进骨干队伍的专业技术知识和能力。

第三,通过优秀骨干的传、帮、带,促使广大骨干队伍发扬乡村文化队伍的优良作风,在吸取现代文化的同时,弘扬民族民间文化的特色,更好地为乡村文化事业服务。

(4)注意选拔和培养乡村文化队伍的领头人物

乡村文化队伍的领头人物在文化队伍中的作用不可低估。他们是在长期的乡村文化实践中,自然形成并得到其成员公认的人物,是一个文化组织的代表。其个人的业绩、良好的形象、卓越的能力,以及他们个人丰富的知识和广泛的社会联系,都足以使他们在文化队伍中产生较高的威望,对成员的文化行为产生很大的影响。基于此,要十分重视乡村文化队伍中各种层面的领头人物,及时地培养他们,帮助他们学习和掌握党的文艺方针、政策,开阔他们的文化视野,提高他们的组织和业务能力。

第四节 乡村文化资源开发与经营

一、乡村名人故里开发

(一)名人故里开发的意义

旅游经济是一种最具发展潜力的特色经济。作为中华历史名人,其思想及对历史的影响都值得后人去探讨、学习、借鉴,这是发展乡村名人故居旅游的现实基础。在此基础上,发挥名人效应,以旅游业作为切入点,最大程度地提高故居的知名度,进而推动当地乡村产业结构调整,实现乡村跨越式发展,将有力地推动乡村经济的发展。

（二）名人故里开发的策略

1.把握资源优势

把握资源优势是发展旅游业的前提。乡村名人故居游能否在旅游市场上占有一席之地,既不取决于它是否是国家重点文物保护单位,也同它所处的地理位置无直接的因果关系,明确故居的真正内涵及外延是开发能否成功的关键。

虽然名人的故居是传统的,但名人故里的旅游开发是现代的。发展名人故里旅游,应该千方百计保护名人故居,并挖掘名人故里和故居的文化教育功能、历史教育功能。名人故里博物馆一般包括人物博物馆、事件博物馆和综合博物馆。不管何种博物馆,通常包含故里、故居、旧居、旧址、遗迹、宗庙、祠堂等。作为以博物馆为载体的名人故里,首先,必须有以文物为重点的文化遗存；其次,管理者必须举办陈列展览,同时还要开展宣传教育,以实现名人故里博物馆"以物说话,传播知识"的基本功能,吸引更多游客。

2.实行市场导向

发展名人故里旅游要以市场为落脚。为此,首先要树立市场导向,要打破一些行政体制带来的桎梏；其次要模式到位,回答"名人故里到底在卖什么？"其卖点应该是名人的精神,而不是简单的名人的影响。此外,发展名人故里旅游应突破传统的纪念馆模式,通过培育产业链条和产业体系研究更多广受市场欢迎的旅游形式。

当前名人故里发展面临几大问题：市场开发启动难问题、故居泛滥化问题、文化抽象化的问题。名人故里的开发思路可按故居—故里—故事来进行。目前不少地区仅在故居上做文章,这是远远不够的,而且也很难为市场所认同。名人故里旅游发展的核心是：故居为原点,故里为主题,故事为产业链,尤其应注重在产业链上延伸。

3.创新融资思路

面对一般故居游难以吸引投资的难题,应认真总结,力求在思路上有所突破。比如,以故居的旅游开发经营权换取建设资金。在全国范围内公开拍卖故居的旅游开发经营权,以换取急需的故居修复建设投资。拍卖能否成功不在于该点子本身,而是取决于拿出什么水准的旅游开发权

第七章　乡村文化建设与治理

威规划并给投资者以信心的政策保障措施。又如,在具体操作上,可以先以特色小项目切入,待故居的品牌打响后,再来完善基础设施建设与投资建设大项目。先树知名度,再以其知名影响力吸引投资,这既是故居旅游开发的现实选择,也是一种融资策略。

二、乡村历史文化开发

(一)乡村历史文化开发的意义

在中华文明上下五千年的历史中,乡村作为社会上最为基础的组成单位,为文明的发展做出了巨大的物质与精神贡献。它以独特的方式推动了历史的进程,同时又创造出了绚烂多彩的文化。在文化历史的长廊中,村庄文化作为最重要的组成部分,蕴涵着千年的历史积淀。时代发展到今天,人们已越来越多地注重到村庄文化在现实经济与社会发展的重要作用,也在各个阶层和广大人群中形成了统一的认识,拯救村庄文化,延续村庄历史,成了人们的共识。

要想将已有的乡村历史文化世代延续下去,就需要将它重新注入活力,使其适应当代经济高速发展的现状,这不仅可以传承文化,还可以使文化随着历史的变迁继续发展下去。我国的乡村历史文化源远流长且丰富多彩,具有巨大的可开发潜力,一旦将这些历史文化资源开发出来并且妥善经营,将会使其成为乡村经济发展的新的增长点。

文化资源是一种特殊资源,它蕴藏在历史文化传统之中,存在于社会文化状态之中,弥漫在整个物质生产、精神生产的创造过程之中。乡村文化资源是整个国家的文化资源中最为重要的一部分。若要开发乡村历史文化资源,则必须做到将历史文化资源开发成历史文化产业。

(二)乡村历史文化开发的策略

乡村历史文化资源包括有形历史文化资源和无形历史文化资源,它是乡村历史文化产业发展的重要基础。乡村历史文化资源开发可以通过乡村历史旅游产业和休闲娱乐产业实现。

1. 乡村历史旅游产业

我国宗教信仰自由,本土宗教与外来宗教长期并存,共同发展。

（1）历史古迹文化旅游

作为旅游的一个种类,历史古迹文化旅游是为了顺应人们追溯历史、怀古好奇的心理而组织的。人们往往把历史古迹、革命遗迹作为民族的精神和象征,这是开展历史旅游的条件和心理基础。我国乡村地区有许多名人古迹,游览古城风光,参观历史名城的保护区、博物馆、建筑物、古迹文物等都是乡村历史旅游的常见项目。

（2）红色旅游

我国红色旅游资源丰富,是中国共产党领导人民进行革命、建设、改革实践中形成和凝聚的物质、制度、精神载体,具有极高的教育价值与文化意义。我国绝大多数红色旅游景点在乡村,国家大力发展红色旅游产业,便可成为带动革命老区乡村经济发展的优势产业。

2. 乡村休闲娱乐产业

我国的乡村历史文化灿烂,有着许多可以演绎开发的东西。例如,以特定历史背景和特定地点拍摄的电影和电视剧,像《井冈山》这样的影片,不仅可以寓教于乐,对于井冈山当地的宣传也有着促进作用。

此外,历史上从我国乡村地区走出大量名人,他们有些留下了大量的文学作品,有些留下了诸如书法、戏曲等形形色色的艺术形式。今人可以以此发展起具有浓郁地方特色的影视业、出版业以及音像业,这些产业同时又能够促进当地的历史文化产业的蓬勃发展。

第五节 乡村文化产业创新发展

一、文化产业及其门类划分

（一）文化产业

文化产业是经济发展到一定阶段的产物,是市场经济规律使文化与经济相融合的产物。市场经济的不断发展和深化,必然导致文化产业化趋势。一方面,由于社会分工的作用使文化与经济相分离,形成了专门的、单纯的文化产业,在社会中发挥着创造文化、传播知识、丰富人们精神文化生活的功能;同时,在传播文化的过程中,通过文化资产的运营,可以创

第七章　乡村文化建设与治理

造可观的经济效益。譬如美国的电影业早已走上文化产业化道路,并创造了非常可观的经济效益。例如,耗资 3.2 亿美元拍摄的巨片《泰坦尼克号》,在世界上产生了很大的影响,文化资产的价值为电影产业赢得了 15 亿美元的巨额效益。另一方面,由于物质文明和精神文明的相对丰富,文化生产向集约化、规模化、社会化、社会效益和经济效益统一化的趋势发展,以迎合公众生理和心理的双重需求。因此,文化产业化是社会向前发展的大生产产物,是可持续发展的新的经济增长点,是知识含量高、科技密度大的现代化生产,是终将走向全球化的外向型产业,是经济效益与社会效益兼顾的特殊产业。

（二）文化产业的门类划分

随着市场经济的深化和知识经济的发展,文化产业门类正在不断增多,规模逐步扩大,涉及的社会领域越来越宽。怎样划分文化产业门类,各国有适应自己国情的方法。参照世界一些国家文化产业发展的先进经验,从我国的现代化建设和社会全面进步的实际出发,着眼于知识经济在我国的发展趋势,并考虑到中华民族文化的特征和城乡文化的差异,我国的文化产业大体上应该分为以下门类。

（1）图书报刊业。是由出版社、报社、杂志社编辑出版,通过书店、邮局中转发行或由出版社、报社、杂志社直接发行销售,向社会有偿提供图书、报纸、期刊、年画、挂历等文化产品的产业。

（2）媒体信息业。包括广播、电视、电影等通过电子信息技术向社会生产、发行、传播文化艺术作品和社会大众信息的大众传播媒介系统,以及近年迅速兴起的以计算机信息网络为媒体的现代文化信息业的开发和利用。

（3）音像业。包括有声磁带、录像带、唱片、光盘、影碟等文化艺术产品以及与之相配套的录音机、录像机、VCD、CVD、DVD 等放映设备的生产、发行、销售、服务行业。

（4）表演艺术业。是由戏剧、音乐、舞蹈、曲艺、杂技、马戏、木偶、皮影等由演员表演并通过舞台来完成的有偿艺术服务行业,也包括时装表演和健美表演等营业性活动。该类文化产业由表演团体、演出场所及演出中介机构等组成要素构成。

（5）娱乐健身业。这一行业主要体现为以商品形式向人们提供文化娱乐和体育健身设施与服务。经营的项目丰富多彩,项目有舞厅、音乐茶座、电子游戏厅、游乐场、台球、桌球、保龄球、健身房、棋室、打靶场、娱乐大奖赛等。

（6）工艺美术业。是指用以陈设、装饰、观赏、收藏的工艺美术商品的生产、销售、交换的市场和行业。生产与经营的品种有雕刻、绘画、剪纸、编织、书法、造型、装饰、集邮、工艺染织、艺术陶瓷、玉器加工、观赏家具等等。这是在世界上享有盛誉的、富有民族特色和地方特色、具有广阔发展前景的传统行业。

（7）文化旅游业。是通过开发、展示自然景观、人文景观、民俗风情、文化名胜并与餐饮、住宿、交通、购物相交融的综合服务型行业。我国是一个具有五千年历史的文明大国，文化旅游资源非常丰富，不论是城市还是乡村都有开发文化旅游业的基础和条件。

（8）文博服务业。这类文化产业主要包括图书馆系统和博物院系统，在计划经济体制下属于公益性文化事业。随着市场经济体制的建立健全，这些场所在保证社会效益和公共文化服务的同时，也开始与市场接轨，通过出售门票、举办文化活动、开展多种经营、出租部分场所等"以文补文、以文养文"等举措，创造了一定的经济效益。这些行业有图书馆、博物馆、美术馆、纪念馆、档案馆、植物园、动物园、水族馆、自然保护区、文化宫、天文馆、名人故居、民族纪念物、考古发现等。

（9）群众文化业。这一产业包括两个方面：一是供人们消遣、休闲，带有群众自发性质的交易市场，如鱼、虫、花、鸟、打猎、垂钓等；二是文化大集、民间庙会、文化艺术节等，以"文化搭台，经济唱戏"的方式，构成了一种融组织策划、文化交流、商业贸易、旅游娱乐于一体的新型经济产业，如北京的诗酒节、贵州的酒文化节、西安的古文化节、宁夏的黄河节、河南的少林文化节、河北的吴桥杂技艺术节、少数民族的三月三、火把节、泼水节以及乡村带有不同民俗风情的庙会、节日等。

（10）文化物业。也有人称为"知识物业"，是将精神文化产品物化为物质文化形态所构成的文化产业，是文化资产形态转化而造就的文化产业。诸如北京的大观园、北普陀寺、世界公园、中华民族园，正定的荣国府，浙江的清明上河园、涿州的影视城，太湖的水浒城，深圳的"锦绣中华""中国民俗文化村""世界之窗"等。

二、发展乡村文化产业的重要意义

从全球来看，世界已经进入由文化经营向经营文化的历史转型时期，

第七章 乡村文化建设与治理

越来越多的国家开始对文化产业所形成的国家"软实力"表现出前所未有的重视。因此,以文化体制改革为契机,努力实现文化产业的快速发展,形成以高科技含量和高文化附加值为核心竞争力的文化产业主体,成为重构国家文化形象、提升国家综合实力和综合竞争力的重要途径。具体来讲,发展和繁荣乡村文化产业和文化市场具有以下几个方面的重要意义。

（一）有利于推进优化乡村产业结构的进程

文化产业是知识经济时代的产物,作为一种朝阳产业,受到了各国政府的重视。在很多业界的专家看来,当今世界经济效益最好的企业有两类:一类是高新技术企业,而另一类则是文化产业。乡村文化产业具有就地取材、就地加工,能耗低、污染少、附加值高、收益多等特点。就发展现状而言,文化产业具有较高的经济和社会价值,有望成为不少地区经济发展新的增长点。因此,只有大力发展文化产业,才能有效地促进乡村产业结构的不断调整,使文化工作与经济发展相结合,进一步推进乡村社会的发展。

（二）可以使乡村文化资源得到优化整合

各级政府在乡村大力鼓励文化产业的建设和发展,有助于实现乡村文化基础设施的利用和维护。从当前乡村文化产业发展的现实情况来看,乡村文化阵地建设所面临的困难不是如何兴建阵地及设施的问题,而是如何能够实现乡村文化基础设施得到永续利用,从这个意义上来讲,将乡村的这些文化基础设施用于文化产业的开发,无论所有权是归政府还是归企业个人,都是为了使这些基础设施得到最充分的维护和利用。

从当前乡村文化建设和文化创新的情况来看,由于财力和个人意识等方面的因素,乡村中的各级政府及有关部门对于文化建设的经费投入并不是很高,很多地区存在着文化建设经费严重不足的现象,并且只依靠政府解决这一问题从短期来看并不是一件很现实的事情。所以各级政府大力鼓励文化产业的发展,有助于弥补乡村文化建设经费的不足,使乡村政府的经费负担得以减轻,真正实现乡村文化建设和文化创新投资主体的多元化。

在乡村发展文化产业可以推动培养乡村业余文化骨干的进程,从而提高乡村文化服务的质量。长期以来,由于文化在社会发展和国家稳定中扮演着一种特殊的角色,我国文化事业发展的重任一直压在国家政府的身上,这不仅使文化带上了太多的政治色彩,而且也使国家及各级政府的负担比较沉重,直接导致了文化事业经费投入不足和文化服务水平质量较差。大力鼓励乡村文化产业的发展,不仅可以缓解国家及各级政府财政上的负担,实现投资主体的多元化,而且可以使各文化企业在不断的竞争中提高自身的文化服务质量。

在乡村大力发展文化产业,可以使我国的民族文化遗产得到更好的开发和利用。在我国广大的乡村中,散落着很多历史文化遗迹,这些具有浓厚的历史文化内涵的民族民间历史文化遗产是我们中华民族宝贵的财富,在对其投入必要的物力和财力进行抢救和保护的同时,我们也要不断地拓展思路,将这些财富作为产业进行开发和利用,使其在纪念价值的基础上增加商品特性和经济价值,只有这样才能提高民间保护历史文化遗产的积极性,从而最终实现民族民间历史文化遗产的可持续发展。

(三)是实现乡村文化经济价值的重要措施

文化产品作为一种商品,其生产和消费与一般物质产品的生产和消费从本质上来讲具有完全相同的属性,和其他商品一样,它也同时具备经济价值和使用价值,并且二者之间也是相辅相成的关系。中华民族是一个具有悠久历史文化的民族,作为一个由农业为物质基础发展起来的民族,乡村、农业、农民一直在我们的民族发展史中扮演着举足轻重的角色。在长期的劳动和不断的斗争中,广大的农民群众创造出了丰富的民族文化。随着社会的不断发展和进步,我们不仅要看到文化的精神价值和文明价值,而且还要充分认识到其经济价值。通过不断地开发其经济价值来使其文化价值不断得到提升,不断地丰富本民族文化的内涵,是文化产业工作者担负的重要的历史使命,同时也是乡村文化产业发展所需要注意的重要问题。

三、我国乡村文化产业化创新发展的策略

在乡村实现文化产业化任重而道远,是一个复杂的系统工程。它既是一个理论问题,也是一个实践问题。这里试参考国内外发展文化产业

第七章 乡村文化建设与治理

的经验和做法,结合目前乡村文化产业的实际,从发展的角度,提出实现乡村文化产业化的途径和策略。

(一)加大乡村文化建设的投入力度,使文化建设的网络更加完善

从总体上来讲,乡村的文化发展是乡村建设中比较薄弱的环节,也是乡村和城市所存在的最大的差别之一,所以发展乡村文化产业和乡村文化市场要按照城乡协调发展的要求,适当地加大向乡村的政策和经费的倾斜力度。乡村文化产业和乡村文化市场的发展一定要努力适应社会主义市场经济的客观需要。为了满足广大的农民群众对文化娱乐活动的需求,各级政府应该加大政策和资金的投入,在乡村建立健全三个文化网络。

一是文化科技网络,将乡村文化站作为宣传科技文化知识和组织广大的农民群众开展各类文化活动的主要场所,使乡村的文化阵地得到前所未有的巩固。

二是广播电视网络,要努力发挥广播电视信息量大、快捷的优点,使广播电视普及到乡村的各家各户。

三是计算机网络建设,加大乡村的现代信息文化工作,在乡村大力普及网络信息技术,使乡村的文化市场得到不断开拓,在乡村实现现代信息资源的广泛共享。

(二)积极培养乡村文化产业人才,开发乡村民营文化产业,使乡村文化产业发展的渠道得到不断的丰富

乡村文化产业的发展离不开人才的作用,而从当今乡村文化产业发展的现状来看,乡村文化产业所需要的人才普遍呈现匮乏的状态。所以加大乡村文化产业人才的培养和引进力度,就成为促进文化产业的发展和文化市场不断繁荣的核心环节。除此之外,作为乡村文化产业发展中的一支重要力量,民营文化产业无论是管理机制还是筹资方式都比较灵活,并且在乡村文化市场上仍然占有较高的份额,具有很大的竞争力,因此引导农民积极发展文化产业,使乡村的民营文化产业得到不断开发,不仅可以进一步推动乡村文化产业发展的进程,而且可以成为乡村文化建设和文化创新中重要的组成部分。

（三）努力采取一切措施，使乡村的经济得到不断发展和壮大，并使农民的收入得到切实的增加

文化产业的发展离不开雄厚的经济基础作为支撑。只有乡村的经济获得飞速的发展，才能使农民的收入得到较为明显的增加，才能使乡村文化消费拥有足够的动力，所以必须努力推动乡村经济的飞速发展，这样才能够使乡村的文化产业取得长足的进步。使乡村经济得到飞速发展可以有很多途径，但从总体上来讲可以从以下几个方面来考虑。

第一，乡村各级政府要采取有效措施使党中央在乡村的各项优惠政策得到落实，依据"多予、少取、放活"的原则，不断地提高农民进行乡村经济生产和经济建设的积极性。

第二，要大力发展乡村的第二、第三产业，并不断地优化和调整乡村文化产业结构，使乡村的区域布局得到不断的优化，推进农业标准化生产，促进乡村农业综合生产能力的不断提高。

第三，努力推动乡村劳动力向城镇转移的进程，积极开展乡村的劳务输出工作，在使乡村中的非农就业收入得到不断增加的同时，扩大乡村劳动力的经营规模，并最终使乡村文化产业的发展产生较高的经济和社会效益。

（四）积极利用乡村丰富的文化资源，发挥乡村文化资源独特的优势，使乡村文化产业发展的步伐不断加快

中华民族有着悠久的历史和几千年的文化积淀，在广大的乡村中，更是蕴含着广博深厚的文化资源，所以乡村各级政府在努力推动乡村文化产业发展进程的同时，应该使自己的各项政策适应艺术规律和市场规律的要求，将农民的现代文化需求同这些文化资源中蕴含的历史精华得到有机完美的结合，使广大农民群众的创造热情得到不断的激发，并促进乡村与外界的文化交流和文化传播，从而使乡村文化产品极大丰富。在乡村当中，文化产业所生产出的文化产品的消费主体是广大的农民群众，所以应该不断地激发其对文化的热情和创造力，在乡村大力开展对民间文化的保护和培育工作，将发展先进文化和保护民间传统习俗相结合，使乡村文化产业向着更加积极和更加健康的方向发展。

第七章　乡村文化建设与治理

（五）解放思想，转变思想观念，完善乡村文化产业和文化市场的政府扶持政策

各级政府要确保自己的思想从根本上得到转变，充分认识到发展文化产业和繁荣文化市场在乡村文化经济发展中的重要作用和重要地位，要努力改善我国广大乡村中文化产业和文化市场赖以生存和发展的文化政策环境，构建有利于文化产业和文化市场良性发展的创新机制和运行空间。对于乡村文化产业和文化市场当中一切有意义的创新行为，政府要采取积极有效的措施给予鼓励，争取在广大的乡村中形成有利于创新和吸纳人才的良好运行环境。

通过在政策上不断进行有效的引导，探索以市场运作方式发展文化产业和文化市场的新途径和新机制，形成乡村文化产业发展过程中投资主体的多元化，从而有效地推进乡村文化产业开发的进程，使乡村文化生产力得到不断的增强。

总之，在乡村大力发展文化产业，并促进乡村文化市场的不断繁荣，不仅能够使文化产品的文化服务教育功能得到有效的发挥，而且还可以使文化产品的商品价值得到有效的体现，使广大的农民群众在从文化产品中体会到娱乐的轻松和教育的意义的同时，成为文化产业发展的受益者。从这个角度来讲，在乡村大力发展文化产业并促进文化市场的不断繁荣，对于乡村的发展和整个社会主义建设来说，不仅具有重要的社会意义，而且还具有重要的经济意义。

参考文献

报纸类：

[1] 习近平. 决胜全面建成小康社会 夺取新时代中国特色社会主义伟大胜利[N]. 人民日报, 2017-10-28（001）.

[2] 习近平. 在参加河南省兰考县委常委班子专题民主生活会时的讲话[N]. 人民日报, 2014-05-09.

[3] 习近平. 关于《中共中央关于坚持和完善中国特色社会主义制度 推进国家治理体系和治理能力现代化若干重大问题的决定》的说明[N]. 人民日报, 2019-11-06（004）.

[4] 陈文胜. 以"三治"完善乡村治理[N]. 人民日报, 2018-03-02（005）.

[5] 中共中央、国务院关于实施乡村振兴战略的意见[N]. 人民日报, 2018-02-05（001）.

[6] 中共中央、国务院印发《乡村振兴战略规划（2018—2022年）》[N]. 人民日报, 2018-09-27（001）.

[7] 本报评论员. 走乡村善治之路[N]. 人民日报, 2019-06-09（001）.

[8] 贺东航. 延安时期党的乡村治理经验[N]. 北京日报, 2020-10-19（015）.

[9] 中共中央关于制定国民经济和社会发展第十四个五年规划和二〇三五年远景目标的建议[N]. 人民日报, 2020-11-04（001）.

[10] 加强和改进乡村治理[N]. 人民日报, 2019-06-24（001）.

[11] 中央党校马克思主义理论教研部课题组, 宋福范. 破解乡村治理现代化难题[N]. 人民日报, 2015-03-29（006）.

论文类：

[1] 谌玉洁. 转型期农村基层党建的理论与路径研究 [D]. 中央党校, 2014.

[2] 王小君. 现阶段我国乡村治理能力现代化问题研究 [D]. 河南师范大学, 2016.

[3] 李晓. 法治中国进程中的乡村治理问题研究 [D]. 中共中央党校, 2017.

[4] 佟雪莹. 我国乡村治理现代化问题研究 [D]. 东北农业大学, 2017.

[5] 陈娅娅. 基层政府的乡村治理能力现代化思考 [D]. 太原理工大学, 2017.

[6] 马添. 乡村振兴战略背景下农村基层治理研究 [D]. 东北师范大学, 2018.

[7] 黄文君. 乡村振兴战略下村党组织领导乡村治理机制研究 [D]. 华南理工大学, 2018.

[8] 苏新杰. 乡村振兴战略背景下乡村治理现代化研究 [D]. 河南科技大学, 2019.

书籍类：

[1] 柏莉娟. 乡村治理方式变迁与创新方法研究 [M]. 北京：中国商务出版社, 2018.

[2] 卜华. 地方党组织引领乡村振兴研究 [M]. 青岛：中国海洋大学出版社, 2019.

[3] 蔡竞. 产业兴旺与乡村振兴战略研究 [M]. 成都：四川人民出版社, 2018.

[4] 陈锡文, 韩俊. 乡村振兴制度性供给研究 [M]. 北京：中国发展出版社, 2019.

[5] 陈锡文, 韩俊. 农村全面小康与实施乡村振兴战略研究 [M]. 北京：中国发展出版社, 2021.

[6] 陈源泉. 穿越 2050 的乡村振兴愿景 [M]. 北京：中国农业大学出版社, 2018.

[7] 方银旺. 乡村治理的紫南智慧 [M]. 广州：广东人民出版社, 2019.

[8] 冯肃伟,戴星翼.新农村环境建设[M].上海:上海人民出版社,2007.

[9] 付翠莲.乡村振兴战略背景下的农村发展与治理[M].上海:上海交通大学出版社,2019.

[10] 苟文峰,等.乡村振兴的理论、政策与实践研究[M].北京:中国经济出版社,2019.

[11] 郭艳华.乡村振兴的广州实践[M].广州:广州出版社,2019.

[12] 贺雪峰.乡村的前途新农村建设与中国道路[M].济南:山东人民出版社,2007.

[13] 贺祖斌,等.广西乡村振兴战略与实践(社会卷)[M].桂林:广西师范大学出版社,2019.

[14] 贺祖斌,等.广西乡村振兴战略与实践(文化卷)[M].桂林:广西师范大学出版社,2019.

[15] 胡登峰,潘燕,等.安徽乡村振兴战略研究报告2018版[M].合肥:合肥工业大学出版社,2018.

[16] 蒋高明.乡村振兴选择与实践[M].北京:中国科学技术出版社,2019.

[17] 金太军,施从美.乡村关系与村民自治[M].广州:广东人民出版社,2002.

[18] 九三学社江苏省委员会.科技创新与推进江苏乡村振兴[M].南京:东南大学出版社,2018.

[19] 孔祥智,等.乡村振兴的九个维度[M].广州:广东人民出版社,2018.

[20] 赖海榕.乡村治理的国际比较[M].长春:吉林人民出版社,2006.

[21] 李松玉,张宗鑫.中国乡村治理的制度化转型研究[M].济南:山东人民出版社,2014.

[22] 梁军峰.乡村治理模式创新研究[M].石家庄:河北人民出版社,2015.

[23] 刘汉成,夏亚华.乡村振兴战略的理论与实践[M].北京:中国经济出版社,2019.

[24] 刘奇.乡村振兴,三农走进新时代[M].北京:中国发展出版社,2019.

[25] 吕德文.乡村社会的治理[M].济南:山东人民出版社,2013.

[26] 毛粉兰,齐欣作.乡村振兴与高质量发展研究[M].北京:九州出版社,2020.

[27] 彭勃.乡村治理：国家介入与体质选择[M].北京：中国社会出版社,2002.

[28] 彭真民.用脚步丈量茶陵县 乡村振兴与基层治理探索[M].长沙：湖南师范大学出版社,2020.

[29] 彭震伟.乡村振兴战略下的小城镇[M].上海：同济大学出版社,2019.

[30] 权丽华.国家治理能力现代化背景下的乡村治理研究[M].北京：光明日报出版社,2016.

[31] 冉勇.基于乡村振兴战略背景下的乡村治理研究[M].吉林：吉林人民出版社,2021.

[32] 师慧,季中扬.决胜小康 探索乡村振兴之路(鲁家村卷)[M].北京：北京美术摄影出版社,2020.

[33] 王华斌.乡村治理实务及案例分析[M].合肥：安徽科学技术出版社,2022.

[34] 王玲,车生泉.保加利亚乡村振兴研究[M].上海：上海交通大学出版社,2019.

[35] 王美玲,李晓妍,刘丽楠.乡村振兴探索与实践[M].银川：宁夏人民出版社,2020.

[36] 王少伯.新时代乡村治理现代化研究[M].北京：知识产权出版社,2021.

[37] 王遂敏.新时期乡村振兴与乡村治理研究[M].北京：中国书籍出版社,2019.

[38] 王文祥.新农村干部工作实务[M].北京：中国农业出版社,2007.

[39] 王雄.乡村振兴陕西实践[M].西安：西北大学出版社,2021.

[40] 王振海,王义等.农村社区制度化治理[M].北京：中国海洋大学出版社,2005.

[41] 温铁军,周谊,卢祥之.农村基层干部政策指南[M].长沙：湖南科学技术出版社,2007.

[42] 许维勤.乡村治理与乡村振兴[M].厦门：鹭江出版社,2020.

[43] 杨嵘均.乡村治理结构调适与转型[M].南京：南京师范大学出版社,2014.

[44] 姚兆余.乡村社会事业管理知识[M].北京：中国农业出版社,2006.

[45] 印子作.乡村治理能力建设研究[M].西安：陕西人民出版社,2021.

[46] 游祖勇.中国乡村振兴中的经典样板和传奇故事[M].福州：福建教育出版社,2021.

[47] 袁建伟,等.乡村振兴战略下的产业发展与机制创新研究[M].杭州：浙江工商大学出版社,2020.

[48] 张锋作.乡村振兴视域下农村社区协商治理研究[M].武汉：武汉大学出版社,2021.

[49] 张晓山.乡村振兴战略[M].广州：广东经济出版社,2020.

[50] 张孝德.大国之本乡村振兴大战略解读[M].北京：人民东方出版传媒有限公司,2021.

[51] 赵斌,俞梅芳.江浙地区艺术介入乡村振兴路径选择与对策研究[M].北京：中国纺织出版社,2021.

[52] 赵先超,周跃云.乡村治理与乡村建设[M].北京：中国建材工业出版社,2019.

[53] 郑黎芳.和谐社会与新农村建设[M].上海：上海大学出版社,2007.

[54] 郑长德.减贫与发展：2020年后的乡村振兴与贫困治理[M].北京：中国经济出版社,2019.

[55] 中国（海南）改革发展研究院.中国新农村建设乡村治理与乡政府改革[M].北京：中国经济出版社,2006.

[56] 中国农网.我们的美丽家园（中国乡村振兴故事生态宜居篇）[M].合肥：黄山书社,2022.

[57] 中国农网.我们的美丽家园（中国乡村振兴故事治理有效篇）[M].合肥：黄山书社,2022.

期刊类：

[1] 李建伟,李兰,王伟进.乡村治理现代化：进展、问题与建议[J].社会政策研究,2019（04）：32-43.

[2] 罗光华.城乡治理体系的现代化与乡村治理能力塑造[J].当代世界与社会主义,2014（06）：137-140.

[3] 王国勤.走向公共性的农村治理现代化——以浙江省为例[J].科学社会主义,2007（06）：133-136.

[4] 徐晓全.新型社会组织参与乡村治理的机制与实践[J].中国特色社会主义研究,2014（04）：86-89.

参考文献

[5] 包心鉴.制度现代化:国家治理现代化的实质与指向[J].社会科学研究,2015(02):6-10.

[6] 蔡文成.基层党组织与乡村治理现代化:基于乡村振兴战略的分析[J].理论与改革,2018(03):62-71.

[7] 陈蒙.新时代民族地区乡村治理现代化瓶颈及对策[J].中南民族大学学报(人文社会科学版),2020,40(05):58-63.

[8] 党国英.废除农业税条件下的乡村治理[J].科学社会主义,2006(01):44-47.

[9] 杜鹏.利益密集、制度创新与乡村治理现代化——基于浙江"宁海36条"的实践分析[J].华中科技大学学报(社会科学版),2019,33(05):123-132.

[10] 范瑞光.乡村治理现代化的困境及对策分析[J].理论观察,2016(08):104.

[11] 冯留建,王宇凤.新时代乡村治理现代化的实践逻辑[J].齐鲁学刊,2020(04):86-95.

[12] 桂华.面对社会重组的乡村治理现代化[J].政治学研究,2018(05):2-5.

[13] 韩鹏云.乡村治理现代化的实践检视与理论反思[J].西北农林科技大学学报(社会科学版),2020,20(01):102-110.

[14] 贺雪峰,董磊明,陈柏峰.乡村治理研究的现状与前瞻[J].学习与实践,2007(08):116-126.

[15] 贺雪峰.乡村治理现代化:村庄与体制[J].求索,2017(10):4-10.

[16] 胡小君.从维持型运作到振兴型建设:乡村振兴战略下农村党组织转型提升研究[J].河南社会科学,2020(01):52-59.

[17] 江维国,李立清.顶层设计与基层实践响应:乡村振兴下的乡村治理创新研究[J].马克思主义与现实,2018(04):189-195.

[18] 景跃进.中国农村基层治理的逻辑转换——国家与乡村社会关系的再思考[J].治理研究,2018,34(01):48-57.

[19] 李松玉.乡村治理中的制度权威建设[J].中国行政管理,2015(03):80-84+106.

[20] 林孟清.推动乡村建设运动:治理农村空心化的正确选择[J].中国特色社会主义研究,2010(05):83-87.

[21] 刘涛,王震.中国乡村治理中"国家—社会"的研究路径——新时期国家介入乡村治理的必要性分析[J].中国农村观察,2007（05）:57-64+72+81.

[22] 吕德文.乡村治理70年:国家治理现代化的视角[J].社会科学文摘,2019（12）:57-58.

[23] 马宝成.乡村治理结构与治理绩效研究[J].马克思主义与现实,2005（02）:41-47.

[24] 邱春林.中国共产党农村治理能力现代化的路径选择[J].理论学刊,2014（11）:97-10.

[25] 邱春林.中国乡村治理现代化的基本历程与经验[J].黑龙江社会科学,2020（02）:1-7.

[26] 唐皇凤,王豪.可控的韧性治理:新时代基层治理现代化的模式选择[J].探索与争鸣,2019（12）:53-62+158.

[27] 习近平.切实把思想统一到党的十八届三中全会精神上来[J].求是,2014（01）:3-6.

[28] 徐晓全.当代中国乡村治理结构研究:现状与评析[J].领导科学,2014（08）:4-7.

[29] 徐勇.城乡一体化进程中的乡村治理创新[J].中国农村经济,2016（10）:23-26.

[30] 徐勇.县政、乡派、村治:乡村治理的结构性转换[J].江苏社会科学,2002（02）:27-30.

[31] 张晓忠,杨嵘均.农民组织化水平的提高和乡村治理结构的改革[J].当代世界与社会主义,2014（05）:107-110.

[32] 赵敬丹,李志明.从基于经验到基于数据——大数据时代乡村治理的现代化转型[J].中共中央党校(国家行政学院)学报,2020,24（01）:130-135.

[33] 周永康,陆林.乡村共同体重建的社会学思考[J].西南大学学报(社会科学版),2014（02）:62-68.

[34] 朱雅妮,高萌.乡村治理现代化:治理模式、关键问题与实现路径——第四届中国县域治理高层论坛会议综述[J].华中师范大学学报(人文社会科学版),2020,59（02）:42-47.